新公司财务管理实务一本通

朱菲菲 ◎ 编著

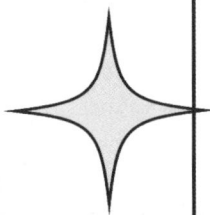

中国铁道出版社有限公司
CHINA RAILWAY PUBLISHING HOUSE CO., LTD.

2023年·北 京

图书在版编目（CIP）数据

新公司财务管理实务一本通 / 朱菲菲编著. —北京：
中国铁道出版社有限公司，2023.11
ISBN 978-7-113-30525-3

I.①新… II. ①朱… III. ①公司—财务管理 IV.①F276.6

中国国家版本馆 CIP 数据核字（2023）第 162534 号

书　　名：**新公司财务管理实务一本通**
　　　　　XIN GONGSI CAIWU GUANLI SHIWU YI BEN TONG
作　　者：朱菲菲

责任编辑：郭景思　　　　编辑部电话：（010）51873007　　　　电子邮箱：guojingsi@sina.com
封面设计：宿　萌
责任校对：安海燕
责任印制：赵星辰

出版发行：中国铁道出版社有限公司（100054，北京市西城区右安门西街 8 号）
印　　刷：河北京平诚乾印刷有限公司
版　　次：2023 年 11 月第 1 版　2023 年 11 月第 1 次印刷
开　　本：710 mm×1 000 mm　1/16　印张：15.25　字数：220 千
书　　号：ISBN 978-7-113-30525-3
定　　价：69.80 元

前言

　　很多人对财务管理的认识非常模糊，包括一些新公司的创办人，他们都认为财务管理就是会计工作，负责记账、填制凭证、登记账簿和出具会计报表。然而实际上并没有这么简单，财务管理是站在管理的角度开展财务工作，它不是单纯地记账、算账和报账。那么究竟什么是财务管理呢？

　　财务管理是一项经济管理工作，是企业管理的一个重要组成部分，主要是在一定的整体目标下，根据财经法规制度，按照财务管理原则，组织企业财务活动、处理财务关系。对新公司来说，要做好资产的购置、资本的融通，以及经营中现金流量和利润分配的管理，这些分别对应企业的投资活动、筹资活动和经营活动。

　　由此可见，新公司在财务管理工作中，不仅需要管账，还需要管理企业的资产结构、资本引入、现金流量情况和利润分配等事务，小到建账、做账，大到办理各种工商税务登记、进行财务分析、组织税收筹划、作出经营决策等。

　　为了使新公司的管理者和即将从事财务管理工作的人群更系统地认识财务管理的具体工作内容，我们编写了本书。本书从财会工作的各个流程出发，立足于管理的高度，介绍新公司可能涉及的财务工作具体内容和相关处理方法，能让读者快速了解财务管理知识并处理好实务中的工作。

本书共 9 章，可大致划分为三个部分。

◆ 第一部分为第 1 ～ 2 章，这部分主要介绍新公司财务管理入门的相关知识，具体包括工商登记、银行账户开立、税务登记和其他涉税手续的办理、社保账户和住房公积金账户的开立、财务岗位设置及财务软件建账。

◆ 第二部分为第 3 ～ 6 章，这部分主要介绍新公司日常财务管理的相关知识，具体包括在凭证填制、账簿登记、发票管理、纳税申报、报表编制、财务分析、现金管理等方面需要做的财务管理工作。

◆ 第三部分为第 7 ～ 9 章，这部分主要介绍新公司财务管理风险防范相关知识，具体包括薪酬管理与员工激励、成本控制和税务筹划，以及税务筹划的风险管理，使财务管理工作更上一层。

本书以系统性和实用性为导向，严格按照财务会计的日常工作内容，分别介绍新公司财务管理层面的各项工作，并结合大量案例和适当的表格、图示，形象生动地解释理论知识，降低管理内容给读者带来的枯燥感。

最后，希望所有读者都能从本书中学有所获，学有所用，达到快速入门财务管理的目的，为进阶财务管理打好基础。

编　者

2023 年 8 月

目录

第1章　新设公司要先办理各种财税手续

✎ 实务答疑

什么情况下会进行税务变更登记?

小规模纳税人是否可以自行开具专用发票?

第2章　设置工作岗位并建立会计账套

✎ 实务答疑

财务软件中管理员的级别如何定义?

财务软件是不是只能进行会计处理?

第3章　掌握财务工作流程并自制凭证

实务答疑

第4章 发票管理与纳税申报

🖉 实务答疑

小税种需要每一个都单独进行纳税申报吗?

简并税费申报是否必须一次性申报完毕?

各税种纳税期限不一致能合并申报吗?

合并申报多个税种后只更正申报一个税种怎么办?

简并税费申报后各税种的纳税期限会有变化吗?

简并税费申报后税源信息如何提供和更正?

第5章 懂报表的编制和财务分析方法

实务答疑

什么时候进行年报公示？

已进行联络员备案的企业如何办理联络员信息变更？

财务指标值出现矛盾怎么办？

第6章 掌握现金流情况做好现金管理

✎ 实务答疑

发现公司有坐支现金的情况该怎么处理？

坐支较少的现金也需要报开户行申请吗？

如何判定坐支金额是大是小？

实务中会需要编制现金或银行存款收款凭证吗？

微信和支付宝里放置的钱属于什么？

第 7 章 做好薪酬管理与员工激励

✎ **实务答疑**

实务中如何区别津贴和补贴?

哪些岗位适合采用计件工资制?

第8章 摸索成本控制方法

✎ **实务答疑**

销售活动中是否有控制成本的空间?

材料消耗定额在成本控制中起到什么作用?

第 9 章　了解税务筹划切入点与方法

实务答疑

业务较少的企业需不需要进行税务筹划？

税务筹划有哪些陷阱需要避免？

第1章

新设公司要先办理各种财税手续

新成立的公司，要先办妥工商、税务、社保及其他财税手续，才能开始生产经营活动。为了在办理手续时少走弯路，相关办事人员需要熟悉办理各种财税手续的流程，从而避免因流程不熟悉而耽误时间，降低办事效率。还有一些财税手续，如果办事人员不熟悉，有可能引发财务风险，因此必须要熟练掌握。

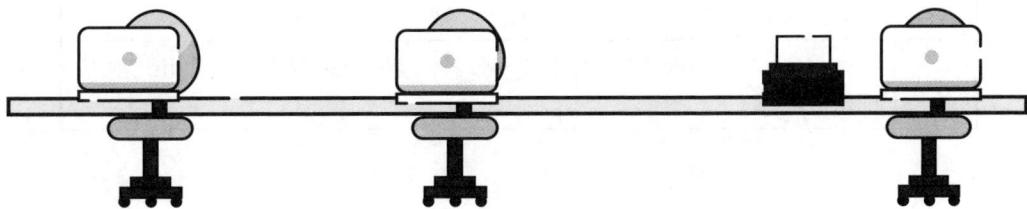

1.1 取得营业执照并认缴注册资本

新设立公司在开展生产经营活动前，首先要做的就是进行工商登记，包括核准公司名称、取得营业执照以及认缴注册资本等，这些事情在不同的公司，办理人员可能不同，但一般都是行政人员，个别公司可能会派财务人员办理。

1.1.1 完成公司名称核准手续

公司名称预先核准是公司名称登记的特殊程序，指新设立公司申请名称需预先核准，以避免公司在筹组过程中因名称不确定导致办理手续时名称杂乱，减少因此引起的重复劳动和重复报批现象。

新设立公司进行名称核准，主要是看公司名称有没有违反国家相关规定，有没有已被其他公司注册，名称的使用是否符合工商注册登记的要求等。另外，法律、行政法规规定设立企业必须报经审批的或企业经营范围内有法律、行政法规规定必须报经审批项目的，应在报送审批前办理企业名称预先核准，并以登记机关核准的企业名称报送审批。

设立公司前应由公司全体股东指定的代表或共同委托的代理人，向当地工商行政管理局申请名称预先核准，核准后发放名称预先核准通知书。

为了提高公司名称核准的成功率，企业在提交资料进行名称预先核准之前，就要对企业名称的组成结构和命名规范，以及不能包含的内容等有深刻了解，具体见表1-1。

表1-1 企业名称的组成结构、命名规范及不能包含的内容

条目	规　　则
1	企业名称一般应以"市＋字号（商号）＋行业（或行业特点）＋组织形式"的结构命名

条目	规　则
2	企业名称中所用的商号不得与其他已经核准或注册的相同行业或未标明行业的企业名称中的商号相同，但有投资关系的除外
3	不得与其他企业变更名称未满一年的原名称相同
4	不得与已经注销登记或被吊销营业执照未满3年的企业名称相同
5	企业名称冠"中国""中华""国家""国际"等字样的，或在名称中间使用"中国""中华""国家""国际"等字样的，或名称不含行政区划的，需符合《企业名称登记管理实施办法》的相关规定
6	企业名称中不得含有另一个企业名称，企业分支机构名称应冠以其所从属企业的名称
7	企业名称应使用符合国家规范的汉字，不得使用汉语拼音字母和阿拉伯数字等；不得含有损国家、社会公共利益，可能对公众造成欺骗或误解，外国国家或地区名称、国际组织名称，政党名称、党政军机关名称、群众组织名称及部队番号，外国文字，以及其他法律、行政法规规定禁止的文字
8	企业名称中的字号应由两个以上的字组成，行政区划不得用作字号，但县级以上行政区划的地名具有其他含义的除外
9	企业名称不应明示或暗示有超越其经营范围的业务
10	名称冠以省名的公司，须符合当地的企业冠省名登记管理办法的规定

当公司收到名称预先核准通知书后，就可以开始着手办理营业执照领取、银行开户等手续了。

1.1.2　取得工商营业执照

工商营业执照是工商行政管理机关发给工商企业、个体经营者的准许从事某项生产经营活动的凭证，其格式由国家市场监督管理总局统一规定。

营业执照上登记的事项包括：名称、地址、法定代表人、资金数额、经济成分、经营范围、经营方式、从业人数、经营期限等。营业执照分正本和副本，二者具有相同的法律效力。正本应置于公司住所或营业场所的显眼位置，副本一般用于外出办理业务。如图1-1所示是最新的五证合一营业执照的样式。

注意，没有营业执照的工商企业或个体经营者一律不许开业，不得刻制公章、签订合同、注册商标、刊登广告，同时不予开立银行账户。

与以前的营业执照相比，五证合一营业执照将印制国徽、边框、标题（即"营业执照"字样）、国家企业信用信息公示系统网址、登记机关公章、国家市场监督管理总局监制等内容；打印统一社

图1-1　五证合一营业执照

会信用代码和二维码，记载事项名称和内容。如图1-2所示为领取营业执照的大致流程。

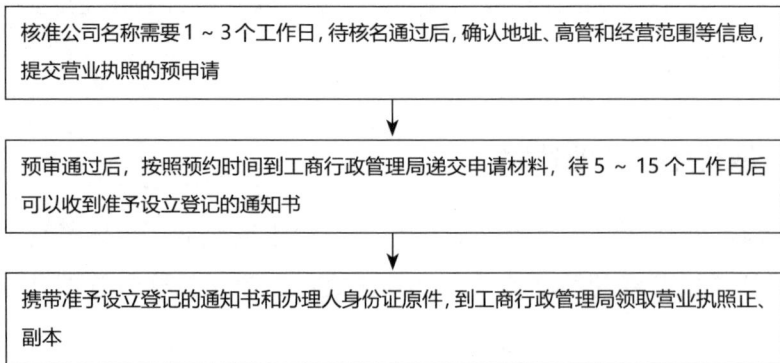

核准公司名称需要1～3个工作日，待核名通过后，确认地址、高管和经营范围等信息，提交营业执照的预申请

↓

预审通过后，按照预约时间到工商行政管理局递交申请材料，待5～15个工作日后可以收到准予设立登记的通知书

↓

携带准予设立登记的通知书和办理人身份证原件，到工商行政管理局领取营业执照正、副本

图1-2　领取营业执照的流程

📎 知识贴士 申请领取营业执照需要递交的材料

①公司法定代表人签署的公司设立登记申请书；②全体股东签署的公司章程；③法人股东资格证明或自然人股东身份证及其复印件；④董事、监事和经理的任职文件及身份证复印件；⑤指定代表或委托代理人证明；⑥代理人身份证及其复印件；⑦住所使用证明，若为公司或个体经营者自己的房产，需提交不动产权证复印件或自己的身份证复印件；若是租房，需提供有房东签字的不动产权证复印件、房东身份证复印件、双方签字盖章的租赁合同和租金发票；若是承租的某个公司名下的写字楼，需提供该公司加盖公章的不动产权证复印件、该公司营业执照复印件、双方签字盖章的租赁合同和租金发票。

领取营业执照后还不能立即开业，必须办理刻章、银行基本账户开户、报税、社保开户、申请税控及发票等手续。

1.1.3 认缴注册资本

从 2014 年 3 月 1 日起，除了一些特殊行业外，公司注册资本实缴登记制改为认缴登记制，并取消注册资本最低限额和验资。

注册资本认缴登记制是工商登记制度的一项改革措施，它是指工商部门只登记公司认缴的注册资本总额，无须登记实收资本，且不再收取验资证明文件。

而注册资本指合营企业在登记管理机构登记的资本总额，是合营各方已经缴纳或承诺一定要缴纳的出资额总和。我国法律、法规规定，合营企业成立之前必须在合营企业合同、章程中明确企业的注册资本，以及合营各方的出资额、出资比例、利润分配、亏损分担比例等。

认缴注册资本时，理论上来说一元也能认缴、开公司。可能有人会以为认缴登记制度下可以不用缴纳注册资本，实则不然，注册资本的认缴制不是注册资本可以"只认不缴"，而是需要公司在认缴期限内缴清注册资金，并以认缴的出资额为限，承担相应责任。如果公司没有在认缴期限内缴纳资金，监管部门就会依照《中华人民共和国公司法》对公司进行处罚，并将其纳入"经营异常名录"向社会进行公示，严重时可能被写入全国联网的"黑名单"。一旦出现这些情况，就可能导致一处违法、处处受限，公司在办理其他手续和业务时就会受阻。

需要注意的是，根据现行制度的规定，公司认缴的注册资本在投资者还没有实际将资本投入企业时，不需要做账，也就是说不需要编制会计分录，等到投资者实际投入资本到企业时，再做资本入账。

虽然注册资本实行认缴登记制，但公司在认缴注册资本时也不能随意认缴资本金额。因为注册资本认缴过大，投资者面临的风险就会很大；认缴过少，债权人及其他合作伙伴面临的风险就会很大。而且注册资本的大小在一定程度上还影响商业伙伴的合作意愿以及信任度。由此可见，注册资本的认缴金额也不能随便确定。

在投资者实际投入资本到公司后，公司认缴的注册资本会转入公司开设的银行账户中，并将转账资金用途注明为"投资款"，这些实际收到的注册资本是公司的钱，可用于日常经营运作、发放员工工资、购进货物和购买办公用品，以及购建各类资产等。只不过，注册资本的钱不能随意支给个人使用，如果要给个人支钱，必须要有相应的发票报表，或者使用借款单等。

1.2　开立银行账户并实施管理

完成公司注册并领取营业执照后，新公司可以着手开立银行账户，以便日后完成货款收付，便于经济业务或事项的开展。除此以外，公司在经营管理过程中还可能涉及其他一些结算方式，也需要相关人员熟知。

1.2.1 为公司开立基本存款账户

基本存款账户是公司办理转账结算和现金收付的主要账户，经营活动的日常资金收付，以及工资、奖金和现金的支取，均可通过该账户办理。注意，存款人只能在银行开立一个基本存款账户，且开立基本存款账户是开立其他银行结算账户的前提。

公司申请开立基本存款账户时应填写开户申请书，递交相应的资料，送交盖有公司印章的印鉴卡片，经银行审核同意，就可以开立账户。不同的存款人，需按不同要求向银行提交相关证明文件以申请开立基本存款账户，具体见表1-2。

表 1-2   不同的人开立基本存款账户时需提交的资料

存款人	证明资料
企业法人	应出具企业法人营业执照正本
非法人企业	应出具企业营业执照正本
机关和实行预算管理的事业单位	应出具政府人事部门或编制委员会的批文或登记证书，以及财政部门同意其开户的证明
非预算管理的事业单位	应出具政府人事部门或编制委员会的批文或登记证书
军队、武警等	军队、武警团级（含）以上单位和分散执勤的支（分）队应出具军队军级以上单位财务部门、武警总队财务部门的开户证明
社会团体、宗教组织	社会团体应出具社会团体登记证书，宗教组织还应出具宗教事务管理部门的批文或证明
民办非企业组织	应出具民办非企业登记证书
外地常设机构	应出具其驻在地政府主管部门的批文
外国驻华机构	应出具国家有关主管部门的批文或证明
外资企业驻华代表处或办事处	应出具国家登记机关颁发的登记证

续表

存款人	证明资料
个体工商户	应出具个体工商户营业执照正本
居民、村民、社区委员会	应出具其主管部门的批文或证明
独立核算的附属机构	应出具其主管部门的基本存款账户信息和批文
其他组织	应出具政府主管部门的批文或证明

那么，公司开立基本存款账户的大致流程是怎样的呢？如图1-3所示。

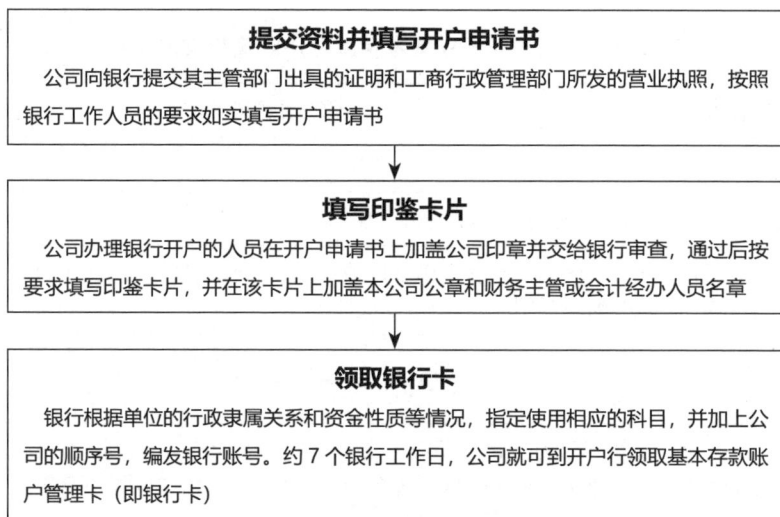

提交资料并填写开户申请书

公司向银行提交其主管部门出具的证明和工商行政管理部门所发的营业执照，按照银行工作人员的要求如实填写开户申请书

↓

填写印鉴卡片

公司办理银行开户的人员在开户申请书上加盖公司印章并交给银行审查，通过后按要求填写印鉴卡片，并在该卡片上加盖本公司公章和财务主管或会计经办人员名章

↓

领取银行卡

银行根据单位的行政隶属关系和资金性质等情况，指定使用相应的科目，并加上公司的顺序号，编发银行账号。约7个银行工作日，公司就可到开户行领取基本存款账户管理卡（即银行卡）

图1-3 开立基本存款账户的大致流程

为了更好地选择基本存款账户的开户行，公司可参考下列原则：

◆ 有比较固定的存贷款或长期的银企合作关系。

◆ 在银行有较大的借款量。

◆ 银企性质接近，有利于对口服务。

◆ 银企距离较近，便于办理业务。

知识贴士 印鉴卡片的使用与管理

印鉴卡片是单位与银行事先约定的一种付款的法律依据，所以，银行在为单位办理结算业务时，应校对印鉴卡片上预留的印鉴（即财务公章），如果付款凭证上加盖的印章与印鉴卡片上的印鉴不相符，则银行不予办理付款，以此保障开户单位的存款安全。如果单位由于人事变动或其他原因要求更换印鉴的，应重填印鉴卡片，并由开户银行注销原卡片上预留的印鉴，同时启用新的印鉴。单位在银行预留的印鉴名称必须与账户名称一致。

1.2.2 了解其他可能需要开立的银行账户

如果公司已经在银行开立了一个基本存款账户，而因为经济业务需要还必须开立其他存款账户的，可根据资金性质和管理需要开立一个一般存款账户，或者是专用存款账户，也可以是临时存款账户，这三个账户就是公司在经营管理过程中可能需要开立的其他银行账户。

（1）一般存款账户

一般存款账户是存款人因借款或其他结算需要，在基本存款账户开户银行以外的银行营业机构开立的银行结算账户。该账户主要用于办理存款人借款转存、借款归还和其他结算的资金收付，只能办理现金缴存，不能办理现金支取。

存款人开立一般存款账户的数量没有限制，但一般要在基本存款账户的开户行以外的其他银行机构开立。一般存款账户从正式开立之日起就能办理付款业务，但因借款转存而开立的一般存款账户除外。

存款人在申请开立一般存款账户时，需要提交的证明文件和相关资料主要是开立基本存款账户规定的证明文件；存款人因向银行借款而开立该账户的，还应出具借款合同；因资金结算需要而开立该账户的，还应出具有关证明。开立一般存款账户的大致流程如图 1-4 所示：

提交证明文件并填写开户申请书

公司向银行申请开立一般存款账户，填制开户申请书，提供规定的证明文件

↓

等待审查

由银行对公司填写的开户申请书内容以及提供的证明文件进行真实性、完整性和合规性审查

↓

办理开户

如果公司符合一般存款账户开户条件，则银行为公司办理一般存款账户开户手续，并在开户之日起 5 个工作日内向中国人民银行当地分支行备案。另外，从开立一般存款账户之日起 3 日内书面通知公司基本存款账户的开户银行

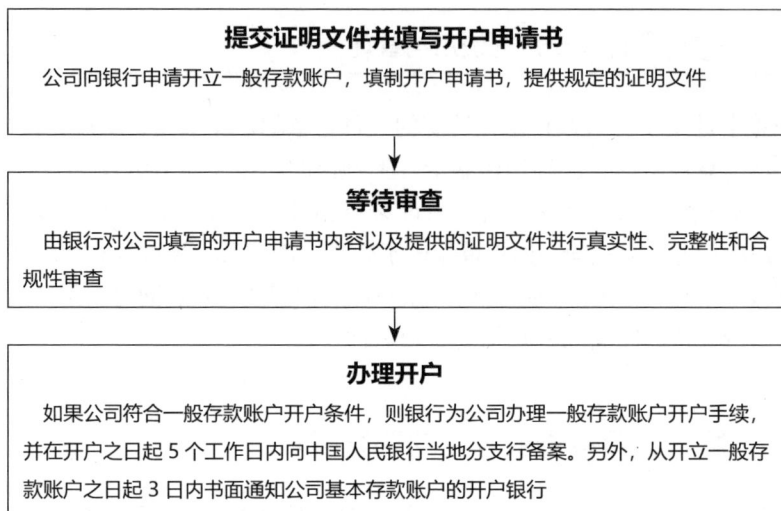

图 1-4　开立一般存款账户的大致流程

一般存款账户实行备案制，公司申请开立一般存款账户时不需要中国人民银行核准。

（2）专用存款账户

专用存款账户是存款人按照法律、行政法规和规章的规定，对其特定用途的资金进行专项管理和使用而开立的银行结算账户。该账户主要用于办理各项专用资金的收付，如基本建设资金、更新改造资金、财政预算外资金、证券交易结算资金、期货交易保证金、单位银行卡备用金和其他需要专项管理并使用的资金。

专用存款账户既可以用于转账结算，也可以用于现金收付，但有一些特例需要注意。

◆ 单位银行卡账户的资金必须由基本存款账户转账存入，专用存款账户不得办理现金收付业务。

◆ 财政预算外资金、证券交易结算资金、期货交易保证金和信托基金专用存款账户不能支取现金。

◆ 基本建设资金、更新改造资金、政策性房地产开发资金，以及金融机构存放同业资金的一般存款账户，如果要支取现金，开户时应在中国人民银行当地分支行批准的范围内办理。

◆ 粮、棉、油收购资金，社会保障基金，住房基金和党、团、工会经费等专用存款账户的现金支取应严格按国家现金管理规定办理。

◆ 收入汇缴账户除了向基本存款账户或预算外资金财政专用存款账户划缴款项外，只收不付，且不得支取现金。

◆ 业务支出账户除了从基本存款账户拨入款项外，只付不收，且现金支取必须按国家现金管理规定办理。

专用存款账户的开立程序与一般存款账户的开立程序基本相同，这里不再重复介绍。而值得注意的是，公司在申请开立专用存款账户时，同一证明文件只能开立一个专用存款账户，换句话说，资金用途不同，在开立专用存款账户时所需提供的正面文件就不同，具体见表1-3。

表1-3　资金用途不同在开立专用存款账户时所需提供的正面文件

资金类型	提供资料
基本建设资金、更新改造资金、政策性房地产开发资金	应出具主管部门批文
财政预算外资金	应出具财政部门的证明
粮、棉、油收购资金	应出具主管部门批文
单位银行卡备用金	应按照中国人民银行批准的银行卡章程的规定出具有关证明和资料
证券交易结算资金	应出具证券公司或证券管理部门的证明
期货交易保证金	应出具期货公司或期货管理部门的证明
收入汇缴资金、业务支出资金	应出具基本存款账户存款人有关证明
党、团、工会设在单位的组织机构经费	应出具该单位或有关部门的批文或证明
其他规定的专项管理资金	应出具有关法规、规章或政府部门的有关文件

（3）临时存款账户

临时存款账户是存款人因临时业务需要并在规定期限内使用而开立的银行结算账户。由此可见，该类存款账户有明确的有效期限，如果存款人在账户的使用中需要延长期限的，应在有效期限内向开户银行提出申请，并由开户银行报中国人民银行当地分支行核准后办理展期；中国人民银行当地分支行不核准展期申请的，存款人应及时办理该临时存款账户的撤销手续。临时存款账户的有效期最长不超过两年。

临时存款账户可用于支取现金，但需按照国家现金管理的规定办理。而可以申请开立临时存款账户的情况主要有以下三类：

◆ 设立临时机构，如设立工程指挥部、筹备领导小组或摄制组等。

◆ 异地临时经营活动，如建筑施工及安装单位等异地临时经营活动。

◆ 境外机构在境内从事经营活动等。

如果存款人为临时机构，则只能在驻在地开立一个临时存款账户，不得开立其他银行结算账户；如果存款人在异地从事临时活动，只能在临时活动地开立一个临时存款账户；建筑施工及安装单位在异地同时承建多个项目的，可根据建筑施工及安装合同，开立不超过项目合同个数的临时存款账户。不同情形下申请开立临时存款账户时，需要提供的资料和证明文件存在不同。

◆ 临时机构：出具工商行政部门或相关机关下发的临时性执照、驻在地主管部门同意设立临时机构的批文等。

◆ 异地建筑施工及安装单位：出具营业执照正本或其隶属单位的营业执照正本，以及施工和安装地建设主管部门核发的许可证或建筑施工及安装合同。

◆ 异地从事临时经营活动：出具单位的营业执照正本以及临时经营地工商行政管理部门同意开设临时机构的批文等。

临时存款账户的开户手续与基本存款账户的开户手续相同，另外还需注意的是，银行为公司开立临时存款账户后，从开立之日起 3 个工作日内书面通知公司的基本存款账户开户银行。

1.2.3　关于各种结算方式

公司通过银行账户完成结算，其方式各有不同，除了常见的公司账户与公司账户之间转账，还有汇兑、托收承付、委托收款和国内信用证等，本小节我们对这些结算方式做简单了解。

（1）汇兑

汇兑是汇款人委托银行将其款项支付给收款人的结算方式，主要分为信汇和电汇两种。单位和个人的各种款项的结算，均可使用汇兑方式。汇款人办理汇兑的程序如下：

第一步，签发汇兑凭证。汇款人如实填写汇兑凭证的必须记载事项，如标明"信汇"或"电汇"的字样、无条件支付的委托以及确定的金额等，签发汇兑凭证。

第二步，银行受理。款项汇出银行受理汇款人签发的汇兑凭证，经审查无误后，及时向汇入银行办理汇款，并向汇款人签发汇款回单。注意，汇款回单只能作为汇出银行受理汇款的依据，不能作为该笔汇款已经转入收款人账户的证明。

第三步，汇入处理。汇入银行将汇入的款项直接转入在本行开立存款账户的收款人账户，并向其发出收账通知。收账通知才是款项确已收入收款人账户的凭据。

汇款人对汇出银行尚未汇出的款项可以申请撤销，申请时，应出具正式函件或本人身份证件及原信、电汇回单。已汇出的款项可申请退回。

（2）托收承付

托收承付是根据购销合同，由收款人发货后委托银行向异地付款人收取款项，由付款人向银行承认付款的结算方式。托收承付结算的每笔金额起点为 10 000.00 元，但新华书店系统每笔金额起点为 1 000.00 元。

托收承付结算方式的使用必须符合一定的条件，具体如下：

◆ 收付款双方必须在相应的购销合同中明确使用托收承付结算方式。

◆ 收款方和付款方必须是国有企业、供销合作社，以及经营管理较好、经开户银行审查同意的城乡集体所有制工业企业。

◆ 涉及的款项必须是商品交易和因商品交易而产生的劳务供应款项。

◆ 收款方和付款方必须是异地。

托收承付的办理程序包括三个：一是签发托收凭证，如实填写相应的必须记载事项；二是托收，收款人按照签订的购销合同发货后，将托收凭证、发运证件或其他符合托收承付结算要求的有关证明和交易单证送交银行，等待审查，查验通过后办理托收；三是承付，付款人开户银行收到托收凭证和相关附件证明及交易单证后，及时通知付款人付款，付款人在承付期内审查核对，安排资金。

承付货款的方式不同，承付期会有不同。如果付款人在承付期满日银行营业终了时没有足够资金支付，不足部分为逾期未付款项，按逾期付款处理。

（3）委托收款

委托收款是收款人委托银行向付款人收取款项的结算方式，单位和个人凭已经承兑的商业汇票、债券或存单等付款人债务证明办理款项的结算时，均可用委托收款方式。

委托收款方式可同城使用，也可异地使用，主要办理程序也有三个：一是签发托收凭证，如实填写必须记载事项；二是委托，收款人向银行提交委托收款凭证和有关债务证明；三是付款，付款人的开户银行接到委托收款凭证及债务证明后，审查无误后办理付款。如果以银行为付款人，则银行应在当日将款项主动支付给收款人；如果以单位为付款人，银行应及时通知付款人，并将有关债务证明交给付款人，付款人在接到通知的当日书面通知银行付款，银行在付款人接到通知日的次日起第4日将款项划给收款人。

银行在办理划款时，如果付款人存款账户不足支付，应通过被委托银行向收款人发出未付款项通知书。

由此可知，托收承付和委托收款的最大区别在于付款环节，托收承付的付款人一般为单位，而委托收款的付款人可以是单位，也可以是单位的开户银行。

（4）国内信用证

国内信用证就是一般所说的信用证，是指银行依照申请人的申请开立的、对相符交单予以付款的承诺。我国信用证是以人民币计价、不可撤销的跟单信用证。信用证结算适用于国内企事业单位之间货物和服务贸易的结算，其中服务贸易包括运输、旅游、咨询、通信、金融和音像等服务项目。

信用证的办理程序稍微复杂一些，简单步骤概括见表1-4。

表1-4　信用证的办理步骤

程序	内　　容
申请	开证申请人申请办理开证业务，填写开证申请书，提交与其受益人签订的贸易合同

续表

程序	内　　容
受理	银行与申请人在开证前签订明确双方权利义务的协议，开证行可要求申请人交存一定数额的保证金，或要求其提供抵押、质押或保证等合法有效担保
开证	由开证行采用信开或电开方式开具信用证，并加盖业务用章，再将信用证寄送给通知行
保兑	保兑行根据开证行的授权或要求，对信用证加具保兑，作出对相符交单付款、确认到期付款或议付的确定承诺
通知	通知行同意通知的，应在收到信用证次日起 3 个工作日内通知受益人
议付	议付行在收到开证行或保兑行付款前购买单据、取得信用证项下索款权利，向受益人预付或同意预付资金。注意，信用证没有明示可议付的，任何银行不得办理议付。如果议付行拒绝议付，也应及时告知受益人
索偿	议付行将注明付款提示的交单面函和单据寄给开证行或保兑行，索偿资金
寄单索款	受益人委托交单行交单，并在信用证交单期和有效期内填制信用证交单委托书，同时提交其他证明文件，交单行在收单次日起 5 个工作日内审核各种单据和文件，并向开证行或保兑行附寄一份交单面函
付款	开证行或保兑行在收到交单行寄交的单据和交单面函，或受益人直接递交的单据的次日起 5 个工作日内，及时核对交单并付款

知识贴士 票据结算

　　票据结算是一个范围比较大的结算方式，包括支票、银行汇票、银行本票和商业汇票，通俗点讲，票据结算就是将票据作为支付工具的结算方式。票据一般具有信用、支付、汇兑和结算等职能，可以看出，票据的职能很强大。

1.3　办理开业税务登记和其他涉税手续

　　完成公司注册并领取营业执照后，新公司需要办理税务报到，即办理开业税务登记，同时还会涉及其他涉税手续，需要一并办理，这样公司才有可能正常营业。

1.3.1 准备资料完成开业税务登记

新设立公司在进行税务报到时，需提供一名会计的信息，包括其姓名、身份证号和联系电话。公司准备好相应的资料，到当地主管税务机关报到后，税务机关将核定公司缴纳税金的种类、税率、申报纳税的时间，以及公司的税务专管员。公司日后将根据主管税务机关核定的税金进行纳税申报和税费缴纳。

新设立公司需要在领取营业执照之日起 30 日内，向当地主管税务机关办理税务登记，登记的主要内容有：纳税人名称、地址、所有制形式、隶属关系、经营方式、经营范围和其他有关事项等。那么，公司在办理开业税务登记时，需要提交的资料具体有哪些呢？见表 1-5。

表 1-5　公司在办理开业税务登记时需提交的资料

条目	具体描述
1	关于开业税务登记的书面申请
2	五证合一营业执照副本或其他核准执业证件的原件和复印件
3	有关机关、部门批准设立的文件原件和复印件
4	有关合同、章程或协议书的原件和复印件，法定代表人（即负责人）和董事会成员名单，法定代表人的居民身份、护照或其他证明身份的合法证件的原件和复印件
5	银行账号证明
6	公司住所或经营场所证明
7	属于享受税收优惠政策的，还要提供相应的证明资料
8	主管国税机关需要的其他资料、证件

个体工商户在办理开业税务登记时，不会涉及这么多的资料，主要资料包括关于开业税务登记的书面申请，五证合一营业执照副本或其他核准执业证件的原件和复印件，个人居民身份证、护照或其他证明身份的合法证件的原件和复印件，住所或经营场所的证明以及主管国税机关需要的其他资料、证件。

当公司填写了税务登记申请表，并提交了完整的资料后，就等待税务机关建立纳税人登记资料档案，制成纳税人分户电子档案，完成开业税务登记。

办理好开业税务登记后，公司才能在成立后的一个月起，让会计在每月记账后顺利地向主管税务机关申报纳税。

1.3.2 进行税种核定领取发票

实际上，在办理开业税务登记的过程中，就需要进行税种核定并领取发票。只有进行了税种核定并领取了发票，公司在日后的生产经营过程中才能开具发票并处理相关税务。

税种核定指由主管公司的税务专管员根据公司的实际经营特点和经营范围，正确核定公司应纳税种和税目的涉税活动。

新设公司在所有证照都办理好，并到相关银行开设了基本存款账户以后，就可以携带相关资料，由法人和会计人员一起到税务所专管员处办理企业税种核定，具体的办理时间为领取五证合一营业执照之日起一个月内。如果公司半年内仍然没有申请核定或已申请核定但未购买发票，则税务部门有权将公司列入非正常户，并予以行政处罚。

公司一旦与税务专管员核定税种成功后，就要在第二个月的上旬准备网上报税，申报上一个月公司应缴纳税款。如果公司在完成税种核定后忘记在第二个月进行纳税申报，则税务机关会以逃税进行处罚。

那么，新公司核定税种时需要提供的资料有哪些呢？见表1-6。

表1-6　新公司核定税种时需提供的资料

条目	具体描述
1	法人、实际经营者以及财务人员的联系方式
2	需要缴纳印花税的账册
3	银行账号
4	经营地租赁协议、不动产权证、房租发票等
5	印花税购票凭证
6	财务人员录用合同
7	五证合一营业执照副本及复印件等

除了办理税种核定，新设公司还需要在依法办理税务登记后向主管税务机关申请领购发票，税务机关向公司发放发票领购簿。领购发票的具体流程如下：

第一步，提交资料并填写申请表。 公司向主管税务机关提供五证合一营业执照副本文件、经办人的身份证明、财务专用章或发票专用章印模等，并按要求如实填写"纳税人领购发票票种核定审批表"。

第二步，等待查验资料录入信息。 经办人等待主管税务机关查验提交的资料，看是否齐全且有效。对于纸质资料不全或填写不符合规定的，应当场一次性告知经办人补正或重新填报；确实不符合条件的，税务机关制作"税务行政许可不予受理通知书"交给经办人；符合条件的，通过系统录入"纳税人领购发票票种核定申请审批表"信息，同时制作"税务行政许可受理通知书"和"税务文书领取通知单"交给经办人。

第三步，实地调查审核。 税务机关将接收并受理的纳税人提交的资料进行案头审核和实地调查审核。

第四步，发售发票。税务机关对资料审核无误的纳税人发售发票，对于经营数额较大、发票用量多、财务制度健全且诚信纳税的企业，可采取批量领购方式发售发票。

1.3.3　置办税控设备

进行了税种核定并领购了发票以后，公司的涉税手续还没有完成，还需要按规定购置税控设备，需要提供的资料以及大致的流程如图1-5所示。

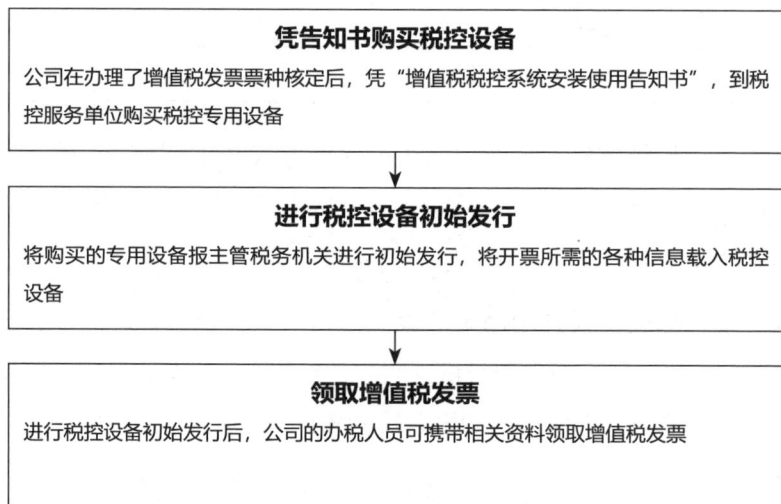

凭告知书购买税控设备

公司在办理了增值税发票票种核定后，凭"增值税税控系统安装使用告知书"，到税控服务单位购买税控专用设备

进行税控设备初始发行

将购买的专用设备报主管税务机关进行初始发行，将开票所需的各种信息载入税控设备

领取增值税发票

进行税控设备初始发行后，公司的办税人员可携带相关资料领取增值税发票

图 1-5　置办税控设备

由此可见，税种核定、领购发票和置办税控设备这三件税务事项一般在同一时间办理，比较流畅的顺序是：税种核定→置办税控社保→领购发票。

注意，税控设备或装置均由国家法定机关依法指定企业进行生产、安装和维修，且由国家法定机关依法实施监管。纳税人首次购买税控设备并从服务单位获取税控设备销售发票和相关技术维护费发票时，可以按照发票票面的价税合计全额，抵减增值税税款，不足抵减的部分可结转下一会计期间继续抵减。

另外，集团企业的总部采取集中购买税控一体化解决方案的，可在经营地税务机关办理税控专用设备发行，领取发票。

1.4 办理社保与住房公积金手续

社保和住房公积金关系着公司员工的切身利益，因此公司需要在新设之初办理好社保及住房公积金开户登记手续，以便日后为员工购买社保和缴存住房公积金。

1.4.1 开立企业社保账户

社保即社会保险，是一种为丧失劳动能力、暂时失去劳动岗位或因健康原因造成损失的人口提供收入或补偿的一种社会和经济制度。社保主要项目包括养老保险、医疗保险、失业保险、工伤保险和生育保险。

社会保险计划由政府举办，强制某一群体将其收入的一部分作为社会保险费形成社会保险基金，在满足一定条件的情况下，被保险人可从基金获得固定的收入或损失的补偿。

新成立的企业需要按规定开立社保账户，主要是携带具有当地工商部门核发的加载统一社会信用代码的营业执照和公章，到公司注册或经营所在地的社保中心办理，也可以直接用法人一证通在网上自行办理开户登记。换句话说，新设公司开立社保账户，就是进行社会保险登记。

公司办理好社会保险登记后，就可以着手为员工购买社保了。为员工办理社保的大致流程如图 1-6 所示。

```
┌─────────────────────────────────────────────────────────────┐
│ 企业与新员工签订劳动合同并办理完入职手续后，由人力资源（HR）的同事按规定准备为新 │
│ 员工办理社保保险开户登记                                              │
└─────────────────────────────────────────────────────────────┘
```

新员工首次参保   新员工在当地已参加过社保

```
┌──────────────────────────────┐   ┌──────────────────────────────┐
│ 公司 HR 工作人员先登录当地的社会保险 │   │ 公司 HR 工作人员先登录当地的社会保险 │
│ 网上经办系统，进入本单位添加新员工的 │   │ 网上经办系统，进入本单位添加新员工的 │
│ 信息，然后申办社保账户，此时系统会   │   │ 信息                            │
│ 自动为新员工生成一个社保保障号和社保 │   └──────────────────────────────┘
│ 编码                             │
└──────────────────────────────┘
```

```
┌──────────────────────────────┐   ┌──────────────────────────────┐
│ 完善新员工的个人基础信息和就职信息， │   │ 信息填写完毕后，系统会自动识别该员工 │
│ 保存录入的数据，然后执行打印操作，就 │   │ 已经办理了社保登记，公司就可在规定的 │
│ 可下载"××社会保障卡申办登记表"了   │   │ 时间内为新员工办理缴纳社保费的事宜   │
└──────────────────────────────┘   └──────────────────────────────┘
```

```
┌──────────────────────────────┐   注意，此时新员工已经有社会保障卡了，
│ 将新员工提供的身份证复印件进行裁剪， │   企业无须再打印下载"××社会保障卡申
│ 并将正反面粘贴到"××社会保障卡申办 │   办登记表"了
│ 登记表"的相应栏次内，完善表格信息的 │
│ 填写                             │
└──────────────────────────────┘
```

```
┌──────────────────────────────┐
│ 将填写好的"××社会保障卡申办登记表" │
│ 提交到当地的社保局，由社保局工作人员 │
│ 审核，通过后即可为员工领取社会保障卡 │
└──────────────────────────────┘
```

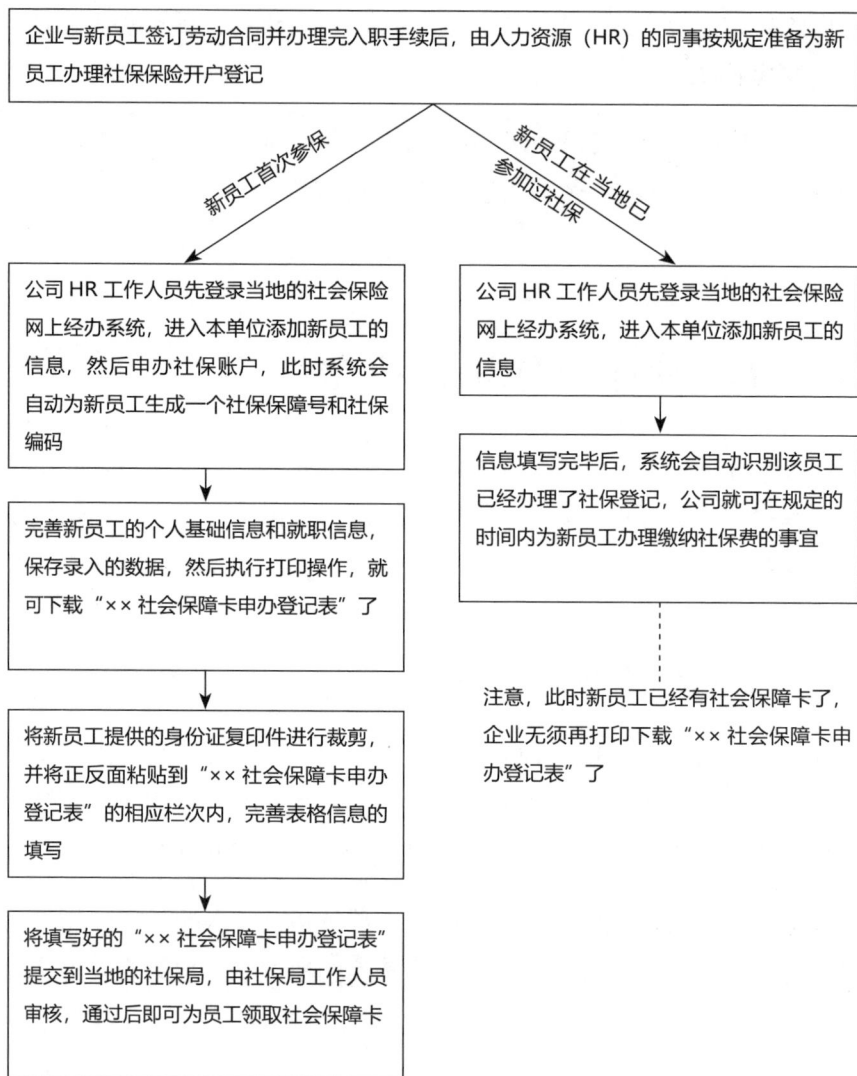

图 1-6 为员工开立社保账户的大致流程

1.4.2 开立企业住房公积金账户

住房公积金是指国家机关和事业单位、国有企业、城镇集体企业、外商投资企业、城镇私营企业及其他城镇企业和事业单位、民办非企业单位、

社会团体及其在职职工，对等缴存的长期住房储蓄。

根据我国《住房公积金管理条例》的规定，新设立公司需要办理住房公积金开户，即住房公积金缴存登记，这样日后才能顺利地为员工缴存住房公积金。那么办理住房公积金开户的流程是怎样的呢？如图1-7所示。

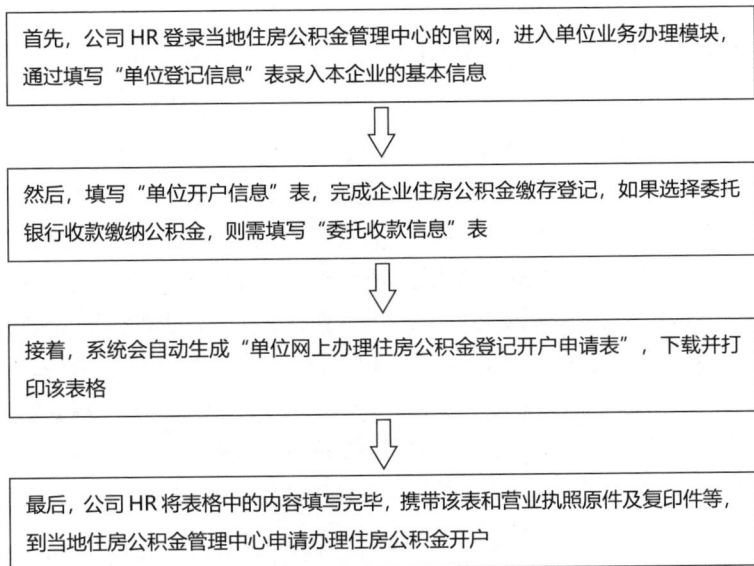

首先，公司HR登录当地住房公积金管理中心的官网，进入单位业务办理模块，通过填写"单位登记信息"表录入本企业的基本信息

↓

然后，填写"单位开户信息"表，完成企业住房公积金缴存登记，如果选择委托银行收款缴纳公积金，则需填写"委托收款信息"表

↓

接着，系统会自动生成"单位网上办理住房公积金登记开户申请表"，下载并打印该表格

↓

最后，公司HR将表格中的内容填写完毕，携带该表和营业执照原件及复印件等，到当地住房公积金管理中心申请办理住房公积金开户

图1-7 住房公积金开户流程

注意，根据《住房公积金管理条例》的规定，企业在办理了住房公积金缴存登记后20日内，要为本企业的职工办理住房公积金账户设立手续。

如果有新入职的员工，人力资源部的同事要带齐相关材料，包括新入职员工的身份证明、入职证明等，到当地住房公积金管理中心为员工办理住房公积金开户手续；或者直接持新入职员工的身份证在当地住房公积金管理中心官网上办理新增即可。

即使新入职的员工在原来的单位有住房公积金而需要办理转入的，公司也需要先办理好新增，然后等待原单位的公积金停办之后，公司再为新员工办理住房公积金转入手续；办好之后新员工之前交的公积金金额就可以转到公司为其新开的账户上，其中可能涉及的资料包括公积金变更清册、公积金汇缴书、公积金转移通知书等。

实务答疑

问：什么情况下会进行税务变更登记？

答：税务变更登记有时也说成"变更税务登记"，指纳税人办理设立税务登记后，因税务登记内容发生变化，向税务机关申请将税务登记内容重新调整为与实际情况一致的一种税务登记管理制度，分工商变更登记变更和非工商登记变更两项内容。因变更工商登记而需要变更税务登记的，主要指变更注册资本、法定代表人、登记注册类型、注册地址或经营地址以及分支机构负责人等，此时变更税务登记需要提交的资料有变更登记申请书、工商变更登记表和营业执照及其复印件、纳税人变更税务登记内容的决议和有关证明资料、纳税人税种登记表（涉及税种变更的提供）和其他有关资料。因变更非工商登记而需要变更税务登记的，主要指变更银行账号、核算形式和纳税人识别号等，此时变更税务登记需要提交的资料有变更登记申请书、纳税人变更税务登记内容的决议和有关证明资料、税务登记变更表、纳税人税种登记表（涉及税种变更的提供），以及其他有关资料。

问：小规模纳税人是否可以自行开具专用发票？

答：2019 年 2 月国家税务总局发布《关于扩大小规模纳税人自行开具增值税专用发票试点范围等事项的公告》（国家税务总局公告 2019 年第 8 号），扩大小规模纳税人自行开具增值税专用发票试点范围，将小规模纳税人自行开具增值税专用发票试点范围由住宿业，鉴证咨询业，建筑业，工业，信息传输、软件和信息技术服务业扩大至租赁和商务服务业，科学研究和技术服务业，居民服务、修理和其他服务业。上述 8 个行业小规模纳税人发生增值税应税行为，需开具增值税专用发票的，可自愿使用增值税发票管理系统自行开具。而由国家税务总局在 2019 年 8 月发布的税总函〔2019〕243 号文件《关于实施第二批便民办税缴费新举措的通知》规定了全面推行小规模纳税人自行开具增值税专用发票。

第2章

设置工作岗位并建立会计账套

　　新公司要做好财务管理工作，不仅要求员工具备专业的工作能力和理论知识，还要求公司进行科学的工作岗位设置，以使员工能各尽职责、互无干扰，岗位工作不重复，从而理顺工作流程，节约会计处理时间，提高财务部整体的工作效率。而会计人员在正式进入会计工作前，需由专业人员建立公司的会计账套，以便日后在会计电算化下进行会计核算，处理业务。

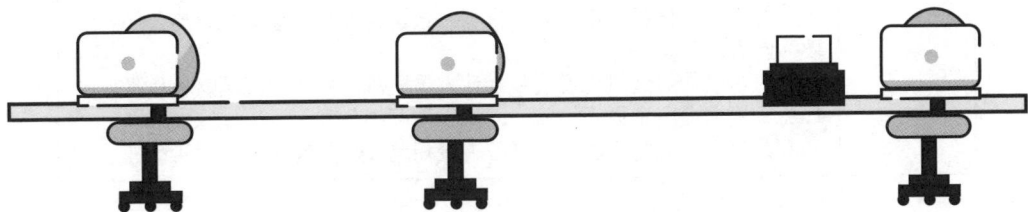

2.1 为公司设置科学的财务岗位

对初创公司来说，科学设置财务岗位不仅能充分发挥各岗位人员的工作能力，还能节约办事时间和人力、物力，相应地就可以为公司的成本管控提供一定的操作空间。

2.1.1 设置财务管理层岗位并明确工作职责

财务管理主要包括五个层次：记账型财务、核算型财务、管理型财务、经营型财务和决策型财务。其中，管理型财务的核心是能否在财务部门内打造一个内部控制体系。

企业管理的重心在于控制，而其中财务控制是核心，它对规范企业行为、降低经营风险和提高企业整体竞争力都有重要的作用，要做到企业资金流、信息流和物流的完整统一。

一般来说，能够称之为财务管理层的岗位包括财务总监、财务经理和总会计师，这三个岗位的工作职责见表 2-1。

表 2-1　财务总监、财务经理和总会计师的工作职责

岗位	职　责
财务总监	我们常说的 CFO，即企业的首席财务官，具有管理和监督职能，其主要工作职责如下： ①结合本企业实际，制定必要的财务管理规章制度，并负责组织实施，保证公司的财务及经营活动依法进行 ②组织财务预算、决算的编制，做好利润分配或弥补亏损方案，以及资金使用调度计划、费用开支计划、筹融资计划，并负责批准预算、决算、利润分配或弥补亏损方案和各项计划的执行 ③拟订所属企业的年度经济指标并负责下达指标后的考核 ④组织会计核算，审核会计报表、报告，确认其准确性，与公司总经理共同签字负责 ⑤对本公司财会机构设置和会计人员配备，所属子公司财务负责人的任免、奖惩提出意见 ⑥监督企业的营运、重大财务决策和重大财务收支与经营活动等

续表

岗位	职　责
财务经理	财务经理的直属上级为财务总监、总经理和总裁，如果财务经理的直接上级为总经理或者总裁，此时的财务经理就是公司的财务负责人，相当于其他公司的财务总监，其主要工作职责如下： 　　①组织制定企业年度预算和绩效考核体系，建立健全财务核算体系和内控制度，建立成本控制体系 　　②做好财务核算，提供财务分析报告，编制预算、成本和资金计划 　　③制定、维护、改进公司财务管理程序和政策，制订年度、季度财务计划。 　　④负责公司全面的资金调配、成本核算、会计核算和分析工作 　　⑤负责资金、资产的管理工作 　　⑥监控可能对公司造成经济损失的重大经济活动 　　⑦管理与银行及其他机构的关系 　　⑧协助财务总监开展财务部与内外的沟通和协调工作等
总会计师	有些公司没有设置财务总监，而设置了总会计师岗位，它相当于财务总监，其主要工作职责如下： 　　①编制和执行预算、财务收支计划、信贷计划，拟定资金筹措和使用方案，开辟财源，帮助公司提高资金使用效率 　　②进行成本费用预测、计划、控制、预算、分析和考核，督促本企业有关部门降低消耗、节约费用，提高经济效益 　　③建立、健全经济核算制度，利用财务会计资料进行经济活动分析 　　④对本企业财会机构的设置和会计人员的配备、会计专业职务的设置和聘任提出方案 　　⑤组织会计人员的业务培训和考核，支持会计人员依法行使职权 　　⑥协助公司主要行政领导人员对企业的生产经营、业务发展和基本建设投资等问题作出决策 　　⑦参与新产品、技术改造、科技研究、商品或劳务、定价和工资奖金等方案的制定，参与重大经济协议的研究审查等

　　总的来说，财务管理层岗位已经不属于一般的会计人员，他们的岗位实际上是一种行政职务，主要负责与财务相关的管理和监督工作，这些岗位的人员经常与公司的决策者或经营者有工作上的交流和沟通，同时也与一般的会计人员有工作上的接触，可以说是连接一般会计人员与公司领导层和决策层的中间桥梁。

有些规模较大的公司还会设置自己的审计岗位或部门，如果有单独的审计部门，此时财务管理层岗位还包括审计经理或总监，其主要工作职责有如下几点：

◆ 参与制定公司经营宗旨、管理方针、目标和经营指标。

◆ 参与制定公司发展规划、年度经营计划和财务预算方案。

◆ 参与制定公司其他重大经营管理决定。

◆ 组织、编制年度审计计划，并按计划组织实施审计工作。

◆ 组织制定、修订和更新公司审计制度并监督执行。

◆ 开展常规审计与种类专项审计工作等。

2.1.2　科学设置一般财务岗位提高工作效率

与财务管理层岗位相比，一般财务岗位就是一般会计人员所在的岗位，如会计、助理会计和出纳员等。而会计和助理会计又会因为核算内容的不同而划分出不同的细分岗位，如成本费用核算岗，收入、支出、债权债务核算岗，往来结算岗，工资核算岗，财务成果核算岗，财产物资核算岗，以及会计档案管理岗等。

这些岗位是一家公司财务机构的主要组成部分，也是涉及人员最多的部分，因此，科学设置这些一般财务岗位，能极大地提高财务工作效率。那么这些岗位分别对应哪些工作职责呢？见表 2-2。

表 2-2　一般财务岗位的设置及其职责

岗位	职　责
成本费用核算岗	①对公司日常生产活动、经营活动发生的原始单据进行合理的期间划分，准确判别成本与费用 ②指导生产部门进行成本核算，参与在产品和半成品的清查盘点 ③登记生产成本、制造费用等明细账，编制记账凭证 ④做好制造费用的分配、归集与结转工作 ⑤登记管理费用、销售费用等明细账，编制费用报表等

续表

岗位	职 责
收入、支出、债权债务核算岗	①核算并管理销售收入，应收、应付票据，应收、应付账款，预收、预付账款，其他应收、应付款，以及应付职工薪酬等 ②计提各项债权的坏账准备，对各项债权、债务及各项关联交易进行核算与函证 ③负责对各核算单位的相关业务进行指导和监督等
往来结算岗	①建立往来款项结算手续制度 ②办理往来款项的结算业务，负责往来款项结算的明细核算 ③对应收款项进行及时的催收结算，对应付款项抓紧清偿，对账龄较长的应收款项要及时做好交清欠办处理 ④分析往来账款明细账余额与其账龄等是否正常 ⑤协同采购部门、销售部门，与供应商和客户核对往来账项的余额是否一致，对于金额大或账龄长的应收账款要及时寄发询证函，取得书面确认依据等
工资核算岗	①严格按照规定掌握工资总额的执行情况，对违反工资政策和不按规定擅自更改工资的现象予以制止，同时向有关领导或部门报告 ②对各部门上报的当月产量、工资情况表和各种加、扣款项的通知单进行严格审核，确认工资计算无误后编制员工工资发放表 ③根据工资汇总表中的有关数据填制工资支付审批表，按时发放工资，及时收回各部门由领款人签字或盖章的工资表，妥善保管 ④按照工资支付对象和账务处理要求进行工资明细核算，正确编制记账凭证 ⑤负责工资的查询解释等
财务成果核算岗	①认真贯彻执行《企业会计制度》、国家各项财经法规和企业各项财务规章制度 ②编制收入、利润计划 ③会同有关部门拟定企业利润管理与核算的实施办法 ④进行收入和利润的明细核算 ⑤进行利润分配的明细核算，编制收入和利润报表 ⑥协助有关部门对产成品进行清点盘查 ⑦做好收入制证前各项票据的核对工作，审核销售发票和发货通知单上的盖章，并建立发货通知单备查簿，以便发现问题并及时处理 ⑧核算各种管理费用、财务费用和销售费用 ⑨完成领导交办的其他与利润核算有关的管理工作

续表

岗位	职　责
财产物资核算岗	①负责固定资产、无形资产、有价证券等的明细核算 ②执行固定资产、原材料、低值易耗品等财产物资管理制度 ③按规定及时负责对材料购入、领用、数量和金额等进行核算，准确登记材料明细账 ④保管好实物资产 ⑤协助部门领导做好财产物资的管控工作等
会计档案管理岗	①认真贯彻执行《会计档案管理办法》等有关档案管理工作的法规、制度，保证会计档案妥善保管、有序存放、方便查阅，严防毁损、散失和泄密 ②做好会计档案的收集、整理、鉴定、保管、统计、编目和使用工作。电子档案还要做好防磁、防潮和防尘，保证其完整性 ③对移交的会计档案要编制会计档案移交清册，且保持原卷册的封装；个别需要拆封重新整理的，档案管理人员应会同会计主管人员、经办人员共同拆封整理，以明确责任 ④严格按照会计制度规定的调阅手续进行会计档案调阅工作 ⑤定期检查会计档案的到期情况，并按规定办理会计档案的移交和销毁手续 ⑥定期向领导汇报档案管理情况等

不同的公司经营情况不同，因此一般财务岗位的设置肯定是有区别的，只有遵循"不相容职位相分离"和"工作内容不重复"等原则进行设置，才能有效提高财务管理工作的效率。

2.1.3　领导要懂得向财会人员放权

财务工作多且繁杂，如果领导都事事亲为，工作量巨大，会降低工作效率。实务中，领导要向财会人员进行适当的放权，将权力下放给下面的人，自己则做好监督工作即可。那么，哪些权力是可以放权给财会人员呢？

（1）人员管理权

公司将一般会计人员聘用、解聘、调动、升迁、行政纪律和工资薪酬福利的调整权下放给财务部门，由财务部门组织聘用面试，经财务负责人审批决定。财务主管及以上的人员聘用面试由公司高层管理负责，呈总裁审批决定。

一般会计人员的解聘、调动、升迁、行政纪律、绩效考核及工资薪酬福利调整，也都按照相同的放权方案来进行管理。

（2）业务指导和培训权

一般会计人员由财务总监或财务经理指导和培训，具体的指导工作和培训工作不需要通过财务部以外的管理人员审批。

（3）费用开支审批权

企业内部各个部门在经营过程中必然会发生各种费用，包括财务部门，公司可规定各部门在遵守财务制度的原则下，由其负责人批准各种合理的用于企业经营管理的费用开支。

（4）工资薪酬财务的复核权

财务部及其他各职能部门的工资薪酬表由财务经理自行复核，如果没有设财务经理，则由财务主管复核，最后由财务部负责人签字后上呈公司领导。所有员工工资薪酬表由财务部总监或经理汇总后，呈公司总裁审批发放。

（5）报表和账务处理的变动权

财务部统计报表的变动由财务主管提出，经财务负责人审批决定。财务报表和账务处理的变动也由财务主管提出，经财务总监或财务经理审批决定。

注意，有些权力是公司不能放权给各职能部门的，其中与财务部门相关的可能有如下一些：

◆ 财务制度制定权，如财务管理制度，需由公司根据国家法律、法规和《企业会计准则》《企业财务通则》等的要求，结合企业自身的实际情况和发展战略、管理需要，统一制定，财务部和其他职能部门只有制度执行权,但可以根据部门情况制定实施细则和补充规定。

◆ 融资和筹资权,应由公司统一筹集资金、调动资金或拆借资金等。

◆ 投资权,企业的投资项目由公司确定,财务部门负责协助有关部门对项目进行跟踪管理。

◆ 固定资产购置权,财务部门需要购置固定资产的,必须说明理由,提出申请报公司领导审批,经批准后方可购置。

◆ 财务机构设置必须报公司领导批准。

◆ 公司内部应统一收益分配制度。

2.1.4　建立并完善财务管理制度

财务管理制度,广义上指一定社会、一定组织的财务关系的总和;狭义上指一定组织的财务管理应遵循的一系列规则。这里主要从狭义的角度理解。公司财务管理制度的具体内容主要包括如下三方面:

◆ 会计组织机构及其岗位职责。

◆ 会计凭证、会计账户、账簿、会计记账程序、会计结账程序和会计报表。

◆ 按经营业务循环特点分类的会计处理程序。

公司在制定自己的财务管理制度时,有必要形成正规的文件,包括标题和正文两大部分,制定时有一些基本的要求,内容如下:

◆ 规范项目要明确具体,且符合部门工作实际,便于遵守执行。条文必须周到、严谨、具体。

◆ 财务管理制度的语言要通俗易懂、具体准确,防止出现重复和无用的语句。

◆ 保证制度的条理清晰,条与条、款与款之间应考虑操作顺序和逻辑关系。

◆ 保证制度内容的前后一致,确保制度的严肃性。

下面就来看一个财务管理制度的范本，如图 2-1 所示。

财务管理制度

第一章 总则

1.1 为了维护公司、股东和债权人的合法权益，加强财务管理和经济核算，根据《公司法》《企业会计制度》等相关法规，结合公司实际情况，制定本规定。

1.2 公司财务管理的基本任务是：做好财务预算、控制、核算、分析和考核工作；规范公司的财务行为；准确计量公司的财务状况和经营成果；依法合理筹集资金，有效控制和合理配置公司的财务资源；实现公司价值的最大化。

1.3 本规定在公司内部暂时执行，随着公司业务的正常开展和不断拓展，将进行更改、补充和完善。

第二章 财务管理组织机构

2.1 公司实行董事会领导下、总经理负责制的财务管理体制，公司是独立的企业法人，自主经营、自我发展、自负盈亏、自我约束，依法享有法人财产权和民事权力，承担民事责任。公司设置独立的财务机构即财务部。

2.2 公司按照《会计法》和《会计基础工作规范》等规定，结合公司的核算体制和财务管理的实际需要，配备相应工作人员，加强对财会人员的管理。

2.3 财务部主要负责公司的财务管理和经济核算，主要职责为：

(1) 负责公司财务管理制度和各项会计制度的拟定；

(2) 参与公司筹资方案的拟定和实施；

(3) 参与公司发展新项目、重大投资、重要经济合同的可行性研究，提供财务意见；

(4) 参与公司经营资策，统一调度资金；

(5) 负责公司财务管理、会计核算；

(6) 负责编制合并报表，提供财务数据，如实反映公司的财务状况和经营成果，并作好项目财务分析工作；

(7) 监督财务收支，依法计缴税收；

(8) 负责公司财务会计档案的保管、整理申购、使用、核销等管理工作；

(9) 监督、检查资金使用、费用开支及财产管理，严格审核原始凭证及账表、单证，杜绝贪污、浪费及不合理开支；

(10) 参与对子公司的财务管理；

(11) 协调处理与各单位的关系。

2.4 财务部应建立稽查制度，出纳负责不得兼管稽核、会计档案保管和收入、费用、债权债务账目的登记工作。

2.5 公司董事会按有关程序聘任公司财务负责人。

第三章 会计核算

3.1 公司按照《企业会计制度》规定，结合经营项目实际情况，制订并实施有关会计核算暂行办法，及时、真实地反映经营业绩和披露经营风险。

3.2 公司采用借贷记账法，以中文作为记录的文字，以人民币为记账本位币，按照《企业会计制度》的规定并结合公司的实际情况，设置总账及明细账科目。

3.3 公司按照《企业会计制度》规定对经济业务进行会计核算、账务处理，并实行会计电算化。

3.4 公司依据权责发生制和配比原则确认收入和成本，以反映公司的经营成果。

3.5 公司严格区分各期间费用和资本性支出与期间费用的界限。

3.6 公司各项财产在取得时按照实际成本计量。其后，如果财产发生减值，按照《企业会计制度》的规定计提相应的减值准备金。

3.7 公司进行会计核算时，应当遵循谨慎性原则的要求，不得多计资产或收益、少计负债和费用。

第四章 财务预算管理

4.1 公司制定财务预算管理暂行规定，对公司的经营业绩、财务状况、营运状况等实行全面财务预算，并依据其实施管理。

4.2 公司在年度开始前根据组织编制完成本年度的各项财务预算，财务预算主要包括以下内容。

(1) 经营预算；

(2) 资本预算；

(3) 资金预算。

4.3 公司在年度预算年度内开始后，对财务预算执行情况进行分阶段的控制和监督，及时进行预算分析，并查实原因的，向总经理报告。

第五章 收入、成本费用管理

5.1 公司对涉及财务方面的管理规定，确保收入循环中的保管、签订合同、实际收款和平衡方面的内部控制，加强涉及业务活动的经济核算。

5.2 公司收入是指公司营业额同向取得各种经营项目的主营收入和其他业务收入，公司对收入份额通过加强管理，保证营业收入的实现。

5.3 公司对外投资收取的收益包括按期取得的投资收入和长期的投资收益。在公司与取得的期间的审核、如期收取款项的管理。

5.4 公司采用的损耗折旧、累计折旧方法以防损耗，当制发生的成本费用，无论其款项是否支付，都应计入当期成本费用；凡不属于本期的成本费用，但应合理的发生在当期的不计入本期成本费用，即使已在本期款项支付，均不得作为本期费用。

5.5 严格控制成本费用的开支范围和标准，严格履行请购、审批、合同签订、付款等程序，各项损耗成本、费用按规定的成本费用批复批准流程报告期数按报销程序执行。

5.6 公司严格控制增加资产，降低财务成本费用成本。

第六章 资产管理

6.1 公司严格按照国家有关部门规定的《现金管理条例》、《银行支票使用管理暂行规定》、《银行账户管理办法》的公司现金、银行存款管理暂行规定，有关现金、银行账户的开立和使用、票据费的保管和账管则理分离。

6.2 公司加强固定资产、流动资产财务的管理，明确方跟，落实追款责任并对测结果采取相应措施予以实施。

9.3 在争取取得更多的投资增值、投资收益时必须要充分考虑投资的风险，包括项目特有风险、汇兑风险、市场风险。由于项目的市场风险会出现在各种投资分散、高度融通方面的增加方式有，提高公司风险测验目标何的风险应充分掌握。

短期投资原则同短期的借权、利差等收益，不确认投资收益。

短期投资指公司购入能随时变现且易持有时间不超过一年的有价证券，短期投资是指不准备长期持有的投资。

9.5 长期投资是指公司不准备时变现或不准备随时变现的投资，并分别在"长期股权投资"、"长期债权投资"科目中核算。

公司对外进行投资取得的投资收益，应按照当期公司不得计入所得，共同控制或重大影响的不同情况分别采用成本或权益法核算。

公司对外进行债权投资，根据对投资的实际成本，作为开始投资成本。

9.6 公司应当定期或至少于每年中年度末，对长期投资进行逐项检查，如果出现于市价持续下跌或因投资单位经营状况等发生变化而影响其市价且现值较低（即短期）或长期投资无明显回升趋势的，将严格按照规定的比例或完全计提跌价准备金。

9.7 公司根据《公司法》，以及公司发展战略实施对外投资。对外投资由工，可行性考核、审议、批准，由总经理授权或负责人审核等程序，对外投资签由董事会审定通过。

第十章 财务信息管理

10.1 公司依据《企业财务会计报告》、《企业会计准则》、《企业会计制度》、《合并会计报表暂行规定》以及财政部颁布的其他有关规定，编制财务报表。

10.2 公司向报业界于公司的财务账目，未经董事会批准的财务报表不得对外。

10.3 已经审核过财务报表如需外送，需经财务负责人并报总经理审核，月限在次月的十目内送各报表，季报在每一季度结束后的二十内送各报表，年报在每一会计年度结束的三十日内送各报表。

10.4 公司依照《会计电算化管理制度》实行财务电子信息系统，实现授权、岗位分离。记录的财务控制软件的操作，保证内的操作的有效性，相关人员在使用相关各自的信息系统过程中，严格操作的相应的规定的相应授权系统。

10.5 公司财务部按照《会计档案管理办法》妥善保管各种财务会计资料（电子）账表、记录、账簿及向部财系财务信息的形式进行核算、财务会计等自的信息资料。

10.6 财务部按照规定权限的公司财务各工作调动或离岗须做好财务交接工作。没有办理交接手续前，没有对办理交接手续的人员，不得调离或离开原岗位。

第十一章 附则

11.1 本规定以董事会会予通盘和审核。

11.2 本制定由董事会授权公司财务部负责修订。

11.3 董事会委托公司各指导修改本规定所制定若干具体实施细则和具体办法，由由公司总经理审批通过执行。

11.4 本规定自颁布之日起开始执行。

公司采用金额百分比法估计坏账损失，并计提坏账准备，计提的比例与期末可收款项的5%，坏账准备则以确定不能收到的应收账款来收款的，实际置数笔且报上报总经理审核，批准后作为坏账损失处理。加盈撇销大素潜通过董事会批准后执行。

6.3 公司加强仓管理。建立完善的财务的采购、保管、领取、记录、盘点、制度、保证风。半、物相互、存货按照实际成本计价，领用或发出时，采用先进先出法确认其实际成本。

6.4 公司制定资产严格执行《固定资产管理办法》，建立固定资产验管理簿、授权、授权、登记核准、维护保养、处置等控制制度，公司的固定资产要分类确认却而来，采用直线法折旧，并在全部确认却相在折其资产的有效经营周内合理折旧。

公司制定资产的购建、调配、报废等，都应立办备会计手册，设置固定资产细则，建立固定资产卡片，进行会计核算。

6.5 公司财务资产使用部门以要求定期或至少于每年年中年度末了，财务对资产进行全国检查，并清楚确保期的要求，合理地统计各项资产可能发生的损失，当为期末年度面面产的价值与对收回金额发生差额时，对可收回金额低于账面价值的的差额，提交公司经理按照计提资产减值准备。

第七章 负债及所有者收益管理

7.1 公司的债务性质按利和性及性质，依据《公司法》等相关法规和《公司章程》进行管理。

7.2 公司依据《公司法》等相关法规和《公司章程》实施股本变动、提取公积金以及分配派息等程序。公司应定会各按照现规后利润的10%提取。

第八章 筹资管理

8.1 筹资是公司根据发展需求，在自有资金不能满足的保证的经营目的上筹划时，从外部获得资金以达到公司经营目标的必要活动，筹资金要发生少种的公司实际情况，制定和筹额管理解体和方法，确保此项工作安全、有序、并取得最佳的。

8.2 筹资的目的是筹资的，筹资策略必须以投资策略为依据，充分反映对投资的要求。等资时考虑以下因素，以"投"定"筹"，量力而行、其利控资金筹化能力，筹资成本。等资管理的难度、公司筹资的期限、资金来和成性率。

8.3 筹资方式以债权性筹资、股票筹资、债券筹资等方式，结合公司实际情况，银行筹资是公司等资金筹的主要、最直接的内容，社会间资金融投以获得专业金应理行的支持。

第九章 投资管理

9.1 公司根据国家完整经济环境，有关法规和公司章程、地区与行业发展状况、公司及项目益分析等因素，把对公司的长期发展有防大影响的投资项目、作为最对外投资管理的重点。同时，为改善投资决策效率，提高投资决策能力和权效、董事会按投资项目进行的平、分析、评价、论证，公司不从事证券险投资等抵无风险资的目标。

9.2 公司对外投资的投资管理程序、投资基本能力、投资风险性、纳税权益方面、投资的涨跌成本、等程序。投资能力、投资须期同的长短等，在全面综合考虑各因素的基础上，确定投资的项目。

图 2-1 财务管理制度

2.2　了解并选用合适的财务软件

当前财会工作基本上实现了电算化，大多数公司都借助财务软件来进行账务处理，极大地降低了人工的工作量，提高了财务工作的效率。但财务软件并不是可以随意选择使用的，要保证账目处理的正确性，就得使用专业的财务软件。目前市场上常用的财务软件有两种：一是用友，二是金蝶。

2.2.1　了解用友软件的特点和适用范围

用友公司成立于 1988 年，致力于把基于先进信息技术的最佳管理与业务实践普及到客户的管理与业务创新活动中，它涉及的不仅是财务，还有营销、制造、采购、金融、人力、协同和云平台等方面。

用友为广大企业提供了多种版本的财务软件，不同规模的企业适用的版本不同，其不同版本简单介绍见表 2-3。

表 2-3　用友软件不同版本简单介绍

企业	适用版本
大型企业	用友 U9、用友 PLM、用友 CRM
中型企业	用友 U8+
小微企业	畅捷通 T+、畅捷通 T1、畅捷通 T3、畅捷通 T6

通过用友财务软件，可以实现灵活录入凭证，进行查询、审核、过账和汇总凭证，多种账务处理同时进行，可以方便查询和输出数据；期末时汇总财务数据也很方便，可以自动结转损益、转账和结账；支持成长型企业会计制度，系统预制成长型企业会计科目和财务报表，即使会计制度有变化，也能轻松实现功能过渡等。

另外，拥有财务软件的财务报表在独立运行时，适用于处理日常办公事务，可以完成制作表格、数据运算、制作图形和打印等电子表的所有功能。而且，财务报表和账务系统同时运行时，还可作为通用财经报表系统使用，适用于各行业的财务、会计、人事、计划、统计、税务、物资等部门。

2.2.2 认识金蝶软件的功能和特点

金蝶即金蝶国际软件集团有限公司，成立于 1993 年。金蝶财务软件集供应链管理、财务管理、人力资源管理、客户关系管理、办公自动化、商业分析、移动商务、集成接口、行业插件等业务管理组件为一体，以成本管理为目标，计划与流程控制为主线，对成本目标和责任进行考核激励，推动管理者应用 ERP 等先进管理模式和工具，建立企业人、财、物、产、供、销科学完整的管理体系。

金蝶财务软件的功能包括总账、报表、现金管理、网上银行、固定资产管理、应收款管理、应付款管理、实际成本、财务分析、人事和薪资管理。系统以凭证处理为主线，提供凭证处理、预提摊销处理、自动转账、调汇和结转损益等会计核算功能，以及科目预算、科目生息、往来核算和现金流量表等财务管理功能，通过独特的核算项目功能，实现企业各项业务的精细化核算。

除此以外，系统还提供了丰富的账簿和财务报表类型，使会计人员可直接利用财务软件生成相应的报表和账簿，非常快捷、方便。下面就来简单认识一些金蝶财务软件，见表 2-4。

表 2-4 金蝶财务软件的型号／版本

软件型号／版本	简　介
金蝶 EAS Cloud	该版本主要面向大型集团型企业，如资本管控型、战略管控型和运营管控型的集团企业，可提供集团财务管控、集团战略管控、集团人力资源管控和企业治理与商业智能分析解决方案，包括智能制造、全渠道营销、数字化采购、全面预算管理等

续表

软件型号／版本	简　介
金蝶 KIS 云	主要面向中小微企业，包括金蝶 KIS 云旗舰版、金蝶 KIS 云专业版和金蝶 KIS 云商贸版等产品，其中旗舰版专门面向中小微工贸一体企业，提供完整的数字化转型解决方案，全面深化企业从研发、生产到经营、管理、服务等环节的数字化应用；专业版结合中小微工贸企业实际管理需求，提供一站式云服务应用，涵盖企业从采购、生产、仓存、销售、财务到移动经营等业务环节的数字化解决方案；商贸版专门面向中小微商贸企业，提供完整的数字化转型解决方案，围绕"以客户为中心"的核心理念，全面深化企业从经营到管理的数字化应用。无论是哪个版本，都具备账套备份、专业运维和异地管理等特点
天燕云	即金蝶天燕 GDF，是新一代智能化政府财务软件，它是金蝶天燕积极响应数字中国、智能＋等国家战略，立足于金蝶天燕的安全可靠积累，采用领先的互联网架构、大数据技术和人工智能技术推出的。该软件以预算绩效为核心，以资金收入与支出管理监控为主线，以财务财政融合、财务业务融合为目标，提供完整的 PaaS 服务、智慧业务中台和智能应用服务

　　从众多企业的使用情况来看，金蝶的界面很人性化，方便操作，支持多窗口，软件在财务方面的细节做得更灵活，更能满足中小企业的管理需求，操作简单、快捷、高效，即使是没有软件使用基础的人，也可以很快上手操作。但金蝶软件的总账系统比较简单，而在设置条件时却比较复杂。

　　用友考虑比较周全，尤其在数据导出、导入方面的数据接口做得很好，更适合大公司需求，其购销存系统和应收、应付系统对需要处理大量品种和较多往来单的公司来说比较实用，能分部门项目进行核算，有利于进行公司内部考核。但因为软件核算过于全面，所以操作起来比较烦琐，尤其是在设置存货、固定资产的参数时比较麻烦，而且价格通常比较高。

　　实务中，各企业需根据自身业务需求和经费预算等，综合考量，选择一款适合公司发展的财务软件。

2.3 新建账套为财务工作创建平台

站在财务管理的角度，要为新公司的财务管理工作创造一个良好的工作平台和工作环境，最基本的就是创建账套，这样财会人员才能利用财务软件顺利做账。

那什么是账套呢？在财务软件中，每一个企业的数据都存放在数据库中，称为一个账套。财务软件可以为多个企业或企业内多个独立核算部门分别建立账套，各账套之间相互独立，互不影响，但不同的财务软件允许创建的账套上限可能是不同的。

公司在购买并安装了专业的财务软件后，要为公司建立账套，主要工作内容有软件的初始化、创建账套以及进行基础信息设置等，大致流程如下：

第一步，输入新建账套信息，用于记录新建账套的基本信息。

这些基本信息包括账套编号、账套名称、账套保存路径等。注意，在选择账套保存路径时不能是网络路径中的磁盘。

第二步，启用会计期间。

输入新建账套被启用的日期。因为公司的实际核算期间可能与正常的自然日期不一致，所以财务软件系统提供了该功能便于设置。在输入具体的启用会计期间后，财务软件系统会自动将启用月份以前的日期标识为不可修改部分，而将启用月份以后的日期标识为可修改部分。公司需根据实际情况设置启用会计期间。

第三步，输入单位信息。

用于记录本公司的基本信息，包括公司名称和简称、公司地址、法人代表、邮政编码、电话、传真、电子邮件、纳税人识别号和备注等信息，其中公司名称必须录入，其他信息可选择性录入。

第四步，输入各种核算信息。

用于记录本公司的基本核算信息，包括本位币代码、本位币单位、账套主管、行业性质、企业类型以及是否按行业预置科目等信息。

知识贴士 可供选择的行业性质

公司在创建账套时需要根据自身的行业性质来选择，不同的财务软件提供的行业性质选项可能不同，但大致上有工业企业、商品流通、旅游饮食、施工企业、外商投资、房地产、交通运输、金融企业、邮电通信、农业企业、地质勘探、医院、建设单位、行政、高校、国家物资储备、律师行业、医药等。

第五步，输入基础信息选项。

基础信息选项包括存货是否分类、客户是否分类、供应商是否分类以及是否有外币业务等。如果公司的存货较多，且类别繁多，可对存货分类进行基础信息设置。同理，如果公司的客户、供应商较多，且有需要进行分类管理，也要对客户和供应商的分类进行基础信息设置。如果公司有外币业务，就需要对外币的基础参数进行设置。

基础信息和参数设置好后，基本可以算是完成账套的创建了。

第六步，设置编码方案。

为了方便财会人员在日后的工作中进行分级核算、统计和管理，在创建账套后可对基础数据的编码进行分级设置，包括科目编码、部门编码、存货分类编码、地区分类编码、结算方式编码、设备档案、责任中心分类档案、客户权限组、供应商权限组和存货权限组等。

第七步，定义数据精度。

设置完分类编码方案后，为了方便日后的财会核算工作，可以对数据精度进行设置，如存货数量小数位、存货单价小数位、开票单价小数位、件数小数位、换算率小数位和税率小数位等。系统默认的一般为两位小数位，各公司要结合自身的实际账务处理需求和经济业务情况进行设置。

第八步，启用系统。

设置好数据精度后，就可以按照系统提示，选择要启用的系统，完成系统的启用。

2.4 对财务软件进行必要的维护管理

公司为财务部安装了财务软件后，并不是可以撒手不管了，对于财务软件的使用、维护等也要进行严格的管理，这样才能保证财务软件的正常运行，并且保证账务处理的正确性。

2.4.1 采取措施保护财务软件中的数据安全

财务数据对于公司来说是比较隐秘的商业资料，一般不得对外泄露，因此，财务管理工作就需要研究出有效的措施来保护财务数据的安全性。实务中，通过对财务软件施加相应的保护，可起到有效保护财务数据的作用。

（1）做好操作员设置

在财务软件中，一般需要对相应的操作员（主要指财会人员，下同）进行权限设置。比如对于基础资料，某操作员是只有查询权或只有管理权，还是既有查询权又有管理权。其他数据或资料也是一样，如账务处理、固定资产、报表、财务分析、出纳管理、工资、采购管理系统、仓存管理系统、存货核算管理系统、销售管理系统、生产管理系统、委外管理系统、应收应付管理系统、购销存公用设置、日志管理和老板报表等。

若针对某一项目没有设置相应的权限，如没有设置管理权，则相应的操作员就只有查询权，没有管理权，只能查询数据，不能更改或导出数据等。

（2）设置操作密码

设置操作密码是财会人员保护自身责权和利益的基本方法。如果财务软件提供了口令加密功能，则操作员可以充分发挥口令加密功能的作用，设置登录密码，防止他人误登、误盗后利用操作员的权限进行违规操作。

另外，财务系统管理员应利用软件具有的强制加密功能或限期修改密码功能来对口令加密进行管理。

（3）设置开机密码和唤醒密码

财会人员在利用软件做账的过程中，很可能因为要处理一些临时事务而离开自己的座位，此时如果任由电脑处于开机状态，则其他人员也可以在财务软件系统中进行操作，这对财务数据来说是极不安全的。

对此，财会人员可以对自己的电脑设置开机密码和唤醒密码。当结束一天的工作后将电脑关机，如果有人想要开机进行操作，则需要输入开机密码才能进入电脑系统；如果因为临时事务而离开座位，就可以让电脑处于休眠状态，此时如果有人想要进入电脑进行操作，就必须输入唤醒密码才能进入电脑系统。这样一来，可有效提高电脑中的数据安全性，而不仅仅是财务软件中的数据安全性。

（4）运用数据库文件程序加密技术

有条件的企业，可对财务软件涉及的数据库文件和程序运用加密技术，一旦有权限以外的人进行操作，就给出提示，同时阻止非本人操作。

2.4.2 定期检查财务数据的备份情况

财务软件的运行离不开电脑，而电脑的运作离不开电源，如果电源发生故障，或者数据在传输过程中有损坏，都会影响财务数据的正确性和完整性，有时还会直接影响财务软件的正常运行。

为了尽可能保证数据的完整性和正确性，财务部需要定期对财务数据和账套进行备份，同时定期检查，以期及时发现数据漏缺问题，并及时做出补救措施。

这里的定期检查可以是一周、半个月或者一个月，建议周期不要过长，防止财务数据缺失而不能被及时发现，但也不至于每天都检查备份，否则会增加财会人员的工作负担。

一般来说，操作员进入财务软件的登录界面后，找到"账套管理"按钮，单击按钮，即可进入账套管理界面，在这里就可以进行账套备份，如图 2-2 所示为金蝶 KIS 教学版的账套管理界面，单击"备份"按钮，即可按提示备份账套。

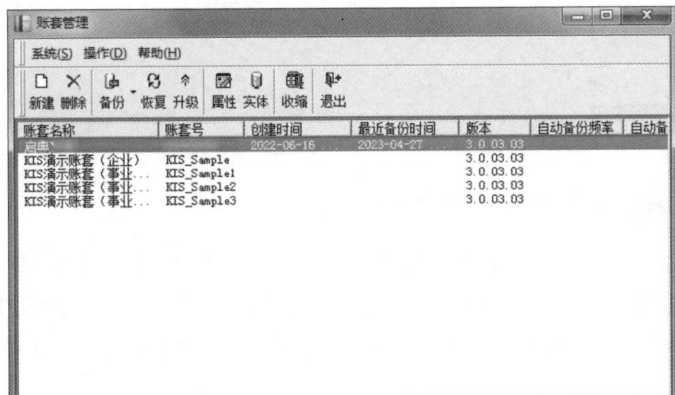

图 2-2　备份账套

2.4.3　组织专人学习财务软件的故障排除技术

有些公司因为自身规模的限制，没有工程部，一旦财务软件出故障，就需要请外来的专业人员排除故障，十分麻烦，所以公司可以组织内部的某些员工，比如部分财会人员学习财务软件的故障排除技术，切实掌握一些常见的财务软件故障排除手法，这样，在财会日常工作中软件一旦出现故障，就能及时得到解决。财务软件的一些常见故障与处理方法见表 2-5。

表 2-5　财务软件的常见故障与处理方法

故　　障	处理方法
登录时提示"检查更新失败"	把安装目录下的"carpa"目录改名即可
保存表单并打印预览时出现"准备样式设计数据时出问题"	把原来的设计表单删除，重新做该表单，可能会涉及不能合并字段单元格中的内容
输入盘盈盘亏数据后单据名称出现报溢、报损	把单据名称是"＝报溢：增加库存数量"或"报损：减少库存数量"的单据打开后保存过账即可
连续提示"数据库不存在或拒绝访问"	如果没有安装 SQL××，则先安装；如果已经在运行，则设置数据库连接参数，修改服务器名称为计算机名；如果还是没有解决问题，就重新安装 SQL

实务答疑

问：财务软件中管理员的级别如何定义？

答：通常，财务软件中有三类管理员，一是系统管理员，拥有对整个软件的操作权限，是最高管理者；二是账套主管，即账套的负责人，拥有审批、更改等权限；三是操作员，指当前账套的操作用户，拥有录入凭证、过账和结账等权限，也就是一般的账务处理权限。

问：财务软件是不是只能进行会计处理？

答：财务软件的功能是比较强大的，它不仅能进行纯粹的会计账务处理，还能同时进行采购管理、销售管理、仓存管理、委外管理、工资管理和出纳管理等，其中委外管理是指委托外单位加工的业务管理。专业的财务软件大多数都实现了企业人、财、物、产、供、销的科学完整的管理。

第3章

掌握财务工作流程并自制凭证

从财务管理的角度来说，新公司管理层虽然不需要了解财会工作的各个细枝末节，但对财务工作的流程要有大概认识，并且按照公司的相关管理规定，结合业务需要，编制出本公司的一些自用凭证模板，供财会人员在日常活动中使用，通过规范工作流程和使用凭证来达到财务管理的目的，为做好财务管理工作营造一个良好的环境。

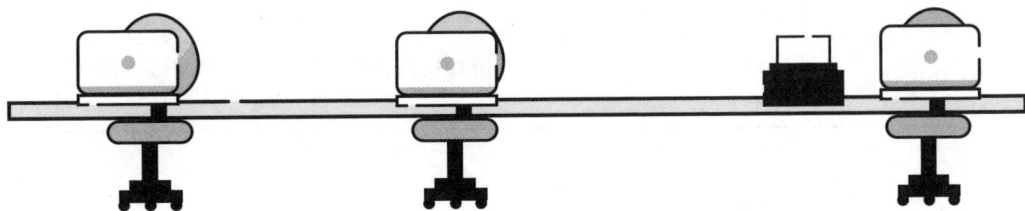

3.1 做好财务管理不得不打好的理论基础

虽然财务管理并不是单纯的记账、算账，但也需要相关人员了解一定的理论知识，这样才能支撑自己做好财务管理工作。

3.1.1 会计的基本假设与会计基础

会计基本假设是企业会计确认、计量、记录和报告的前提，是对会计核算所处时间、空间环境等所作的合理设定，只有在会计基本假设下，企业的财会工作才有意义。而会计基础则是会计工作需要遵循的原则，也是会计核算适用的制度。

（1）会计基本假设

会计基本假设包括会计主体、持续经营、会计分期和货币计量四部分，简要说明见表3-1。

表3-1　会计基本假设的4个部分

基本假设	说　　明
会计主体	指企业会计确认、计量和报告的空间范围，即会计核算和监督的特定单位或组织。如一家公司、一个生产车间等
持续经营	指在可预见的未来，企业将会按当前的规模和状态继续经营下去，不会停业，也不会大规模削减业务。一个企业持续经营与否，是选择会计处理方法和原则的前提
会计分期	指将一个企业持续经营的经济活动划分为一个个连续的、长短相同的期间，以便分期结算账目和编制财务会计报告。会计分期有两种，一是会计年度，指公历1月1日～12月31日；二是会计中期，指月度、季度和半年度
货币计量	指会计主体在会计确认、计量和报告时以货币作为计量尺度，反映会计主体的经济活动

（2）会计基础

会计基础是会计确认、计量和报告的基础，分为权责发生制和收付实现制。

① 权责发生制。

权责发生制也叫应计制，指收入、费用的确认应以收入和费用的实际发生作为确认的标准，合理确认当期损益的一种会计基础。换句话说，收入、费用只要发生，无论是否收到或支出钱款，都要确认当期损益。

我国《企业会计准则——基本准则》规定，企业应以权责发生制为基础进行确认、计量和报告。

② 收付实现制。

收付实现制也叫现金制，指以收到或支付现金作为确认收入、费用标准的一种会计基础。换句话说，无论收入、费用是否为当期发生，只要当期收到或支出了钱款，就确认为当期发生的收入、费用。

事业单位的会计核算一般采用收付实现制，部分经济业务或事项以及部分行业事业单位的会计核算采用权责发生制。而行政单位均采用收付实现制。

与此不同的是，我国《政府会计准则——基本准则》规定，政府会计由预算会计和财务会计构成，预算会计实行收付实现制（国务院另有规定的依照其规定），财务会计实行权责发生制。

3.1.2 会计信息质量要求

会计信息质量要求是对企业财务会计报告中提供高质量会计信息的基本规范，是使财务会计报告中提供的会计信息对投资者等使用者决策有用而应具备的基本特征，主要包括八点要求，见表3-2。

表 3-2　会计信息质量要求的基本特征

质量要求	说　明
可靠性	要求企业应以实际发生的交易或事项为依据进行确认、计量和报告，如实反映符合确认和计量要求的各项会计要素及其他相关信息，保证会计信息真实可靠、内容完整
相关性	要求企业提供的会计信息应与财务会计报告使用者的经济决策需要相关，有助于财务会计报告使用者对企业过去和现在的情况作出评价，对未来的情况作出预测
可理解性	要求企业提供的会计信息应清晰明了，便于财务会计报告使用者理解和使用
可比性	要求企业提供的会计信息应相互可比，保证同一企业不同时期可比和不同企业相同会计期间可比
实质重于形式	要求企业应按照交易或事项的经济实质进行会计确认、计量和报告，不应仅仅只以交易或事项的法律形式为依据
重要性	要求企业提供的会计信息应反映与企业财务状况、经营成果和现金流量有关的所有重要交易或事项
谨慎性	要求企业对交易或事项进行会计确认、计量和报告时保持应有的精神，不应高估资产、收益，也不应低估负债、费用
及时性	要求企业对于已经发生的交易或事项，应及时进行确认、计量和报告，不得提前或延后

不仅一般的会计人员需要牢记会计信息质量的这八点要求，财务管理人员也要牢记，这样才能更好地监督和审核企业的会计信息，避免因出错而陷入经营风险。

3.1.3　牢记会计恒等式

财会工作中，最常用的会计等式有两个。

一是反映企业某一特定时点资产、负债和所有者权益三者之间平衡关系的会计恒等式，即：

$$资产 = 负债 + 所有者权益（或资产 - 负债 = 所有者权益）$$

该会计恒等式也称为财务状况等式、基本会计等式和静态会计等式，它是复式记账法的理论基础，也是编制资产负债表的依据。

二是反映企业一定时期收入、费用和利润之间恒等关系的会计等式，即：

$$收入 - 费用 = 利润$$

该会计等式反映了利润的实现过程，是编制利润表的依据。

在这两个会计等式中，财务状况等式会受到经济业务的影响，衍生出九种基本类型，而这些业务的发生均不会影响该等式的平衡关系，举例说明见表3-3。

表3-3　财务会计恒等式的九种基本类型

序　号	情　　形	举　　例
1	一项资产增加、另一项资产等额减少的经济业务	如从银行提取现金（银行存款↓，库存现金↑），或将超过库存现金限额的现金送存银行（银行存款↑，库存现金↓），收到客户的前欠货款（银行存款↑，应收账款↓）等
2	一项资产增加、一项负债等额增加的经济业务	如向银行借款（银行存款↑，短期借款或长期借款↑）等
3	一项资产增加、一项所有者权益等额增加的经济业务	如接受投资者的投资（银行存款或固定资产或无形资产等↑，实收资本或资本公积↑）等
4	一项资产减少、一项负债等额减少的经济业务	如支付前欠货款（银行存款↓，应付账款↓），偿还借款（银行存款↓，短期借款或长期借款↓），缴纳税费（银行存款↓，应交税费↓）等
5	一项资产减少、一项所有者权益等额减少的经济业务	投资者收回投资（银行存款或固定资产或无形资产等↓，实收资本↓）等
6	一项负债增加、另一项负债等额减少的经济业务	用票据支付前欠货款（应付票据↑，应付账款↓）等

续表

序　号	情　　形	举　　例
7	一项负债增加、另一项所有者权益等额减少的经济业务	企业宣告分配现金股利（应付股利↑，利润分配——应付现金股利或利润↓）等
8	一项所有者权益增加、另一项所有者权益等额减少的经济业务	如盈余公积转增资本（实收资本↑，盈余公积↓），用盈余公积弥补以前年度亏损（利润分配——未分配利润↑，盈余公积↓）等
9	一项所有者权益增加、一项负债等额减少的经济业务	如债转股，即债务重组（实收资本↑，应付账款或应付票据或应付债券或其他应付款等↓）等

在上表所示的经济业务中，1～3会使企业的总资产规模增加，4和5会使企业的总资产规模减小，而6～9不会引起企业总资产规模的变化。

3.2　按照流程和方法完成财务工作

一切事物都有其章法，财会工作也同样有其自身的工作流程。新公司内部，财会人员按照财会工作流程办事，不仅可以减小工作出错的概率，也能避免漏掉重要工作及相应的细节问题。

3.2.1　清楚财务工作的基本流程

财务工作涉及方方面面，小到会计人员填制凭证，大到财务管理人员做各种财务分析和预测。由于财会工作比较繁杂，有些工作还可能需要同时结合着进行，且时间不定，可以在填制凭证的时候做，也可以在编制了财会报表以后才做。

为了能突出主要财务工作的基本流程，这里仅展示常规财务工作的流程环节，主要有3种模式，如图3-1、图3-2和图3-3所示。

```
┌─────────────────────────────────────────────────────┐
│         根据原始凭证或原始凭证汇总表填制记账凭证         │
└─────────────────────────────────────────────────────┘
                          ⇩
┌─────────────────────────────────────────────────────┐
│       根据收付记账凭证登记现金日记账和银行存款日记账      │
└─────────────────────────────────────────────────────┘
                          ⇩
┌─────────────────────────────────────────────────────┐
│             根据记账凭证登记明细分类账                  │
└─────────────────────────────────────────────────────┘
                          ⇩
┌─────────────────────────────────────────────────────┐
│           根据记账凭证汇总编制科目汇总表                │
└─────────────────────────────────────────────────────┘
                          ⇩
┌─────────────────────────────────────────────────────┐
│             根据科目汇总表登记总账                     │
└─────────────────────────────────────────────────────┘
                          ⇩
┌─────────────────────────────────────────────────────┐
│   期末根据总账和明细分类账编制资产负债表和利润表等会计报表  │
└─────────────────────────────────────────────────────┘
```

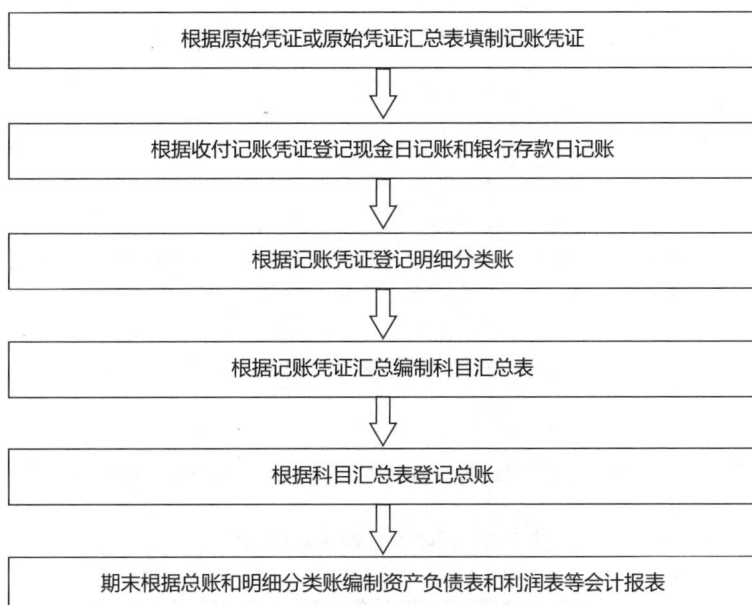

图 3-1　科目汇总表账务处理程序

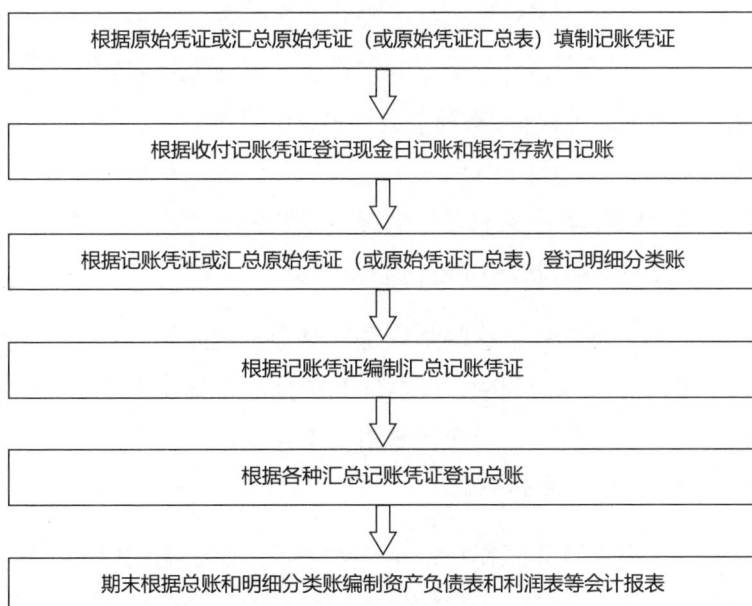

```
┌─────────────────────────────────────────────────────┐
│  根据原始凭证或汇总原始凭证（或原始凭证汇总表）填制记账凭证  │
└─────────────────────────────────────────────────────┘
                          ⇩
┌─────────────────────────────────────────────────────┐
│       根据收付记账凭证登记现金日记账和银行存款日记账      │
└─────────────────────────────────────────────────────┘
                          ⇩
┌─────────────────────────────────────────────────────┐
│ 根据记账凭证或汇总原始凭证（或原始凭证汇总表）登记明细分类账 │
└─────────────────────────────────────────────────────┘
                          ⇩
┌─────────────────────────────────────────────────────┐
│           根据记账凭证编制汇总记账凭证                  │
└─────────────────────────────────────────────────────┘
                          ⇩
┌─────────────────────────────────────────────────────┐
│           根据各种汇总记账凭证登记总账                  │
└─────────────────────────────────────────────────────┘
                          ⇩
┌─────────────────────────────────────────────────────┐
│   期末根据总账和明细分类账编制资产负债表和利润表等会计报表  │
└─────────────────────────────────────────────────────┘
```

图 3-2　汇总记账凭证账务处理程序

```
┌─────────────────────────────────────────────────────────────┐
│   根据原始凭证或汇总原始凭证（或原始凭证汇总表）填制记账凭证      │
└─────────────────────────────────────────────────────────────┘
                            ⇩
┌─────────────────────────────────────────────────────────────┐
│       根据收付记账凭证登记现金日记账和银行存款日记账            │
└─────────────────────────────────────────────────────────────┘
                            ⇩
┌─────────────────────────────────────────────────────────────┐
│   根据记账凭证或汇总原始凭证（或原始凭证汇总表）登记明细分类账     │
└─────────────────────────────────────────────────────────────┘
                            ⇩
┌─────────────────────────────────────────────────────────────┐
│             根据记账凭证逐笔登记总账                          │
└─────────────────────────────────────────────────────────────┘
                            ⇩
┌─────────────────────────────────────────────────────────────┐
│   期末根据总账和明细分类账编制资产负债表和利润表等会计报表      │
└─────────────────────────────────────────────────────────────┘
```

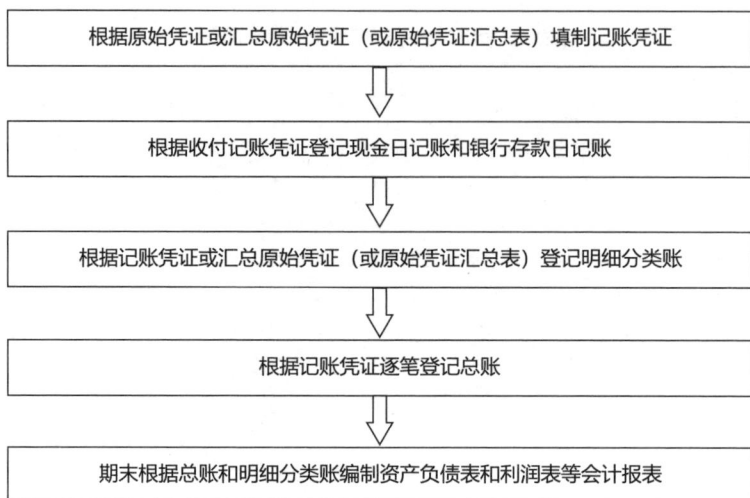

图 3-3　记账凭证账务处理程序

　　图 3-1 所示的科目汇总模式减轻了登记总分类账的工作量，且易于理解，还可以做到试算平衡，但不能反映各个账户之间的对应关系，适用于经济业务较多的企业，可简化总分类账的工作内容。图 3-2 所示的汇总记账凭证模式也减轻了登记总分类账的工作量，但如果转账凭证较多，就会增加汇总转账凭证的工作量，不利于会计核算的日常分工，适用于规模较大、经济业务较多的企业。图 3-3 所示的记账凭证模式简单明了、易于理解，可比较详细地反映经济业务的发生情况，但登记总账的工作量较大，适用于规模较小、经济业务量较少的企业。

　　但无论是哪一种模式，这些都只是针对会计做账的基本工作流程，而在整个财务工作的基本流程中，还会涉及票据的传递、报表的分析以及各种预算的编制等，这些工作也应该是财务工作基本流程中的环节，但因为处理时间不固定，这里不做详解。

　　一般来说，财务预算工作在每年年底进行，而票据的传递工作贯穿于会计处理工作的各个环节，报表的分析一般在编制会计报表以后进行，所以可将报表分析工作加入前面三种模式各自的最后一步。

3.2.2 熟知会计记账方法之复式记账法

按照记账方式的不同，记账方法可分为单式记账法和复式记账法。单式记账法是对发生经济业务之后产生会计要素的增减变动只在一个账户中进行登记的方法，适用于业务简单或很单一的经济个体或家庭。因其只能反映经济业务的一个侧面，账户之间不能形成相互对应的关系，所以不能全面、系统地反映经济业务的来龙去脉，也不便于检查账簿记录的正确性。

由此，我国企事业单位一般采用复式记账法，它是对每项经济业务按相等的金额在两个或两个以上有关账户中同时进行登记的方法，具体又分为借贷记账法、收付记账法和增减记账法。复式记账法可全面、清晰地反映经济业务的来龙去脉，以及经济活动的过程和结果。

我国《企业会计准则——基本准则》规定企业应采用借贷记账法记账。借贷记账法是一种以"借"和"贷"作为记账符号的复式记账法。结合 T 型账户结构，借贷记账法下的账户基本结构如图 3-4 所示。

借方	账户名称	贷方

图 3-4 借贷记账法下的账户结构

所有账户的借方和贷方按相反方向记录增加数和减少数，即一方登记增加额，另一方就登记减少额。那么究竟是借方登记增加额、贷方登记减少额，还是借方登记减少额、贷方登记增加额，则需要根据账户性质和所记录经济内容的性质决定。

资产类、成本类和费用类账户的借方登记增加额，贷方登记减少额，资产类和成本类账户的期末余额一般在借方，有时可能无余额；而费用类账户在期末结转损益后无余额。负债类、所有者权益类和收入类账户的借方登记减少额，贷方登记增加额，负债和所有者权益类账户的期末余额一般在贷方，有时可能无余额；而收入类账户在期末结转损益后无余额。下面以简单的示意图展示这些类别的账户结构，如图 3-5 和图 3-6 所示。

借	资产类和成本类	贷		借	费用类	贷
期初余额						
增加额	减少额			增加额	减少额	
本期借方发生额合计	本期贷方发生额合计			本期借方发生额合计	本期贷方发生额合计	
期末余额						

图 3-5　资产类、成本类和费用类账户结构

借	负债类和所有者权益类	贷		借	收入类	贷
	期初余额					
减少额	增加额			减少额	增加额	
本期借方发生额合计	本期贷方发生额合计			本期借方发生额合计	本期贷方发生额合计	
	期末余额					

图 3-6　负债类、所有者权益类和收入类账户结构

借贷记账法的记账规则是"有借必有贷，借贷必相等"，鉴于此，借贷记账法下可进行试算平衡，即根据借贷记账法的记账规则和资产与权益的恒等关系，通过对所有账户的发生额和余额的汇总计算和比较，来检查记录是否正确，它主要包括两类试算平衡：

①发生额试算平衡。

全部账户本期借方发生额合计 = 全部账户本期贷方发生额合计

②余额试算平衡。

全部账户借方期末（初）余额合计 = 全部账户贷方期末（初）余额合计

需要注意的是，借贷记账法并不是只有一借一贷的账户对应关系，还可能存在一借多贷、多借一贷和多借多贷的账户对应关系，具体需根据经济业务情况确定。

3.3 自制原始凭证供经济活动使用

在日常经济活动中，财务部门的工作很可能要用到一些原始凭证，这些原始凭证的格式又不像增值税发票一样是全国统一样式，为了方便财会人员使用，新公司应协助财务部门事先自制一些原始凭证以备后期使用。

3.3.1 使用原材料需要的入库单和出库单

生产性企业在购进原材料时，或者商品流通企业购进待售的商品时，都需要用到入库单，用来登记原材料或商品的入库日期、材料或商品编号、材料或商品的名称以及材料或商品的数量与单价等信息。相应地，出库单用来登记原材料或商品的出库日期、材料或商品编号与批次以及材料或商品的名称等信息。

入库单一般为一式三联，第一联为仓库记账联，第二联交给采购员办理付款并作为财务记账联，第三联交给销货方，如图 3-7 所示。

入 库 单　　№2

交货单位：　　年　月　日

编号	名称	规格	单位	数量	单价	金额	备注
金额（大写）	拾 万 仟 佰 拾 元 角 分 ¥						

主管：　仓库：　记账：　经手人：

①存根（白）②记账（红）③结算（蓝）

图 3-7　入库单

出库单可能一式多联，一联由仓库留底记账，一联交给生产部门或买家，一联交给公司财务部门记账，有些还有一联用于交易支付，如图 3-8 所示。

出 库 单

会计部门编号：　　　　年　月　日　　　　No

仓库部门编号：

编号	名称	规格	单位	数量	单价	金额	备注
金额（大写）	拾　万　仟　佰　拾　元　角　分 ¥						

主管：　　　仓库管理员：　　　记账：　　　生产车间或部门：

①存根（白）②记账（红）③结算（黄）

图 3-8　出库单

除此以外，生产性企业在领用材料进行产品生产时，还会涉及领料单的填写和使用，它是材料领用和发出的原始凭证，也是一次有效的领料凭证，每领用一次材料就应填制一张领料单。领料时，材料仓库保管员和领料人员共同检查领用材料的数量、品种和质量等内容，经核对无误后，双方在领料单上签章，证明领料手续完成。常见领料单格式如图 3-9 所示。

领料单

领料部门：　　　　　　　　　　发料仓库：

用途：　　　　年　月　日　　　编号：

编号	名称	规格	单位	请领数量	实发数量	备注

制单：　　　审核：　　　领料人：　　　发料人：

①存根（白）②记账（红）③结算（黄）

图 3-9　领料单

知识贴士　与领料单相对应的累计凭证——限额领料单

限额领料单是一种多次使用的累计领料凭证，在有效期间内只要领用不超过限额，就可连续使用，常见格式如图 3-10 所示。

限额领料单

领料部门：　　　　　　　　　　　　　　　　　　　　发料仓库：

用途：　　　　　　　　年　月　日　　　　　　　　编号：

编号	名称	规格	单位	计划单价	领用限额	全月实额	
						数量	金额
领用日期	请领数量	实发数量		领料人签章	发料人签章	限额结余数量	

供应部门负责人：　　　　领料部门负责人：　　　　仓库负责人：

①存根（白）②记账（红）③结算（黄）

图 3-10　限额领料单

3.3.2　员工出差使用的借款单和差旅费报销单

公司员工出差时，如果需要报销相应的出差费用，可以有两种处理方式：一是先向公司借差旅费，出差结束回公司后将剩余未使用款项归还给公司，或者让公司补付差额，或者差旅费刚好只需申请报销；二是出差人员先自行垫付差旅费，待出差结束回公司后提交相关票据向公司申请报销。

第一种处理方式下，出差人员在出差前需填写借款单，以表示公司已将差旅费支付给员工，此时出差人员可持借款单到公司出纳员处支取款项，而会计人员同时需凭借款单做账，如图 3-11 所示是简单的借款单样式。

借 款 单　　　　No5001151

日期：　　年　　月　　日

部　门			姓名	
借款事由				
借款金额	（大写）　拾　万　仟　佰　拾　元　角　分			
预计还款报销日期			¥	
审批意见		借款人		

发据单位盖章　　　　会计：　　　　出纳：

①存根（白）②收据（红）③记账（黄）

图 3-11　借款单

当出差人员结束出差工作回到公司后，需向财务部门提交出差期间发生的费用产生的各种原始单据，作为报销的依据，此时还需要出差人员填写差旅费报销单。采取第二种处理方式的，也需要出差人员在出差回公司后填写该报销单，申请报销出差费用。如图 3-12 所示是差旅费报销单样式（仅供参考）。不同公司可根据自身经营需求，自行设计报销单样式。

差 旅 费 报 销 单

报销部门：　　　　　　　　　　　　　　　　　　　　　　　　　　　年 月 日

姓 名			职　　别				出差事由					
出差情况	日　期	区 间	人数	天数	其中：途中天数	局内/局外	补贴项目	人数	天数	标准	金 额	附件 张
	月 日- 月 日						伙食补贴					
	月 日- 月 日						交通费补贴					
	月 日- 月 日						司机出车补贴					
	月 日- 月 日						未卧补贴					
	月 日- 月 日						小 计					
项　目		报销数		审核数		说明：						
		单据张数	报销金额	单据张数	审核金额							
住 宿 费												
车 船 票					主（分）管领导审批：							
飞 机 票												
小 计												
合计金额大写：						合计金额小写：						
单位盖章　　　　会计：　　　　　　　出纳：　　　　　　　报销人：												

图 3-12　差旅费报销单

3.3.3　自制费用报销单和粘贴单

费用报销单是企业内部人员报销费用时使用的，企业外部人员不能使用费用报销单，这里的费用报销单不仅可以用于差旅费的报销，还可用于其他费用的报销，如各部门水电费报销、行政管理部门的办公用品费报销以及各部门员工因业务需要而发生业务招待费的报销等。

当行政管理部门自行垫付了购买办公用品的钱，或者是其他部门自行垫付了水电费，又或者是自行垫付了业务招待费等以后，相关人员可以填制费用报销单，向公司申请报销费用。常见的比较简单的费用报销单样式如图 3-13 所示。

费 用 报 销 单　　No

报销部门：　　日期：　年　月　日　　单据及附件共____页

报销项目	摘　　要	金额（十 万 千 百 十 元 角 分）	备注	
			领导审批	
合　计				
金额大写：　拾　万　仟　佰　拾　元　角　分		原借款：　元	应退（补）款：　元	

发据单位盖章　　会计：　　出纳：　　审核：　　报销人：

图 3-13　费用报销单

员工在报销费用时，如果提供的原始单据过多，尤其是因出差形成的原始单据，不能一张一张地粘贴到差旅费报销单上或费用报销单上，而需要先通过一张“粘贴单”汇总这些原始单据，然后将粘贴单附在差旅费报销单或费用报销单背面，很显然，其作用就是汇总、归类原始凭证或单据，保证原始凭证或单据不丢失。如图 3-14 所示是粘贴单的常见样式。

原始凭证粘贴单　　原始凭证______张

年　月　日　　金额________元

凭证粘贴处	用途
	合计人民币（大写）

主管：　　审核：　　证明：　　制单及领款人：

图 3-14　粘贴单

在使用粘贴单汇总、归类原始凭证时，一定要按要求进行粘贴，使得粘贴单最终符合装订需求。而从财务管理的角度，财务主管或者财务经理等在审核粘贴单上粘贴的原始单据时，需要对粘贴是否符合要求进行审核。

✎ 知识贴士 利用粘贴单粘贴原始单据的具体要求

　　利用粘贴单粘贴原始单据或凭证时，通常要达到"四边齐、表面平、按日期顺序"的标准，通俗点讲就是粘贴了原始单据后的粘贴单要表面平整，边缘和中间没有凹凸现象，四周边缘要与粘贴单的四周边缘保持齐整，同时原始单据或凭证的排列要美观。要达到这样的标准，粘贴时就要按如下要求进行粘贴。

　　①按小票在下、大票在上的要求，从右至左呈阶梯状依次粘贴。

　　②所有原始凭证必须在粘贴单上由上而下、从左往右地均匀排列粘贴，粘贴时通常将胶水抹在原始单据的左侧背面，从装订线（即粘贴单左侧 2 cm 位置）开始粘贴，将单据向右边均匀排开横向粘贴。每张票据应直接粘贴在粘贴单上，不能单据粘在单据上。原始单据必须在粘贴单的装订线内，不能超出，部分规格参差不齐的原始单据可先裁边整理后再粘贴，但必须保证单据内容的完整性。

　　③原始凭证应按照报销的经费项目进行分类整理，如办公费、招待费、差旅费等，按类别分别粘贴，相同费用项目的单据粘贴在一起。

　　④粘贴一般凭证时，由于数量较多，经初步编排后按"从下往上、从右向左"的方式粘贴，即先从粘贴单的右下角开始，齐线齐边粘贴，最后在粘贴单左侧留出装订位置。粘贴与粘贴单大小相同的原始凭证时，如果长度相同，考虑粘贴的宽度；宽度相同，则考虑粘贴的长度，接下来按照一般凭证的粘贴方法粘贴。粘贴超大凭证时，即规格比粘贴单大的原始凭证，不影响主要内容的，可将多余部分裁剪后粘贴；不可裁剪的，就通过折叠的方法处理，除特殊情况外，一般为齐左折右、齐上折下，并在装订位置适当粘贴，且右折和下折位置要留有余地，以免日后凭证磨损而影响凭证主要内容。如果同类票据大小不一样，可在同一张粘贴单上按先大后小的顺序粘贴。一般来说，一张粘贴单粘贴的原始凭证数量最多不超过 30 张。

　　⑤出差报销凭证，如住宿费、车船费和过桥过路费等，均应使用差旅费报销单做封面，粘贴时先将原始凭证粘贴在粘贴单上，然后加贴差旅费报销单，不得直接在差旅费报销单的背面粘贴报销凭证。

　　⑥票据粘贴完毕后，经办人要在票据上签名，汇总票据金额，注明票据张数。

3.3.4 自制各种明细账表格

在公司经营管理过程中，有一些账目的发生或变动比较复杂，为了保证其最终的账目数据的正确性，有必要对这些账目进行明细登记，但这些明细登记又不同于登记明细分类账，因此需要公司自行设计一些表格来进行明细记录。一些常用的明细账表格，如图3–15、图3–16、图3–17、图3–18、图3–19和图3–20所示。各公司可根据自身发展和经营管理需求，在此基础上进行修改和调整。

应收账款月报表

制表日期：　　　　　　　　　　　　　　　　　　　　　　　　　　　　单位：元

序 号	客户名称	期初应收款	本期产生的应收款	款项收回金额	期末未收金额
合 计					

图 3–15　应收账款月报表

应收账款账龄分析表

当前日期：　　　　　　　　　　　　　　　　　　　　　　　　　　　　单位：元

开票日期	客户名称	应收金额	已收款金额	未收款金额	收款期	到期日期	是否到期	未到期金额	0～30天	31～60天	61～90天	90天以上	合计	百分比
合计														

图 3–16　应收账款账龄分析表

有价证券明细账

序号	有价证券	证券日期	到期日	证券金额	张 数	合计金额	备注
合 计							

图 3-17　有价证券明细表

××月生产成本汇总

汇总日期：　　　　　　　　　　　　　　　　　　　　　　　　　　　　　　　　　　　单位：元

产品型号	期初数	直接材料	直接人工	制造费用	成本总额	转出金额	转出数量	期末数	单位成本	直接材料比重	直接人工比重	制造费用比重	成本结构	结构排序
合计														

图 3-18　月末生产成本汇总表

年　月工资表

编制单位：　　　　　　　　　　　　　　　年　月　日　　　　　　　　　　　　单位：元

序号	姓名	应发项目			应发工资	应扣项目						税前工资	个人所得税	应扣合计	实发工资	签名
		岗位工资	工龄工资	执业津贴		养老保险金	医疗基数	医疗保险金	失业保险金	住房公积金基数	住房公积金					
合计																

单位主管：　　　　　　　　　　　复核：　　　　　　　　　　　制表：

图 3-19　月工资明细表

社保个人代扣金额明细表

编制单位：　　　　　　　　　　　年　月　日　　　　　　　　　　单位：元

员工编号	员工姓名	养老保险	医疗保险	失业保险	工伤保险	生育保险	共计

图 3-20　社保个人代扣金额明细表

实务中，公司需根据自身经营业务的需要，做好各种明细账表格的设计工作，以便日后要用时能随取随用。

3.3.5　自制各种资产盘点表

资产盘点是财产清查中的一项重要工作内容，主要是指货币资金和实物资产的清查，确定其实存数，查明账存数与实存数是否相符，然后做好清查结果登记，如果不相符，就要及时查明原因，并做相应的账务处理。

在登记资产盘点结果时，需要用到各种盘点表，如图 3-21、图 3-22 和图 3-23 所示的分别是现金清查盘点表、固定资产盘点表和有价证券盘点表。

现金清查盘点报告表

单位名称：　　　　　　　　　　　年　月　日　　　　　　　　　　单位：元

清点现金			核对账目		
货币面值	张数	金额	项　目	金额	备注
100元			现金账面余额		
50元			加：收入凭证未记账		
20元			减：付出凭证未记账		
10元			调整后现金账面余额		
5元			实点现金		
2元			长款（+）		
1元			短款（-）		
5角					
2角					
1角					
5分					
2分					
1分					
实点合计					
财务主管：			出纳员：		

图 3-21　现金清查盘点表

固定资产盘点表

使用部门： 　　　　　　　　　　年　月　日　　　　　　　　　　　　　单位：元

财产编号	固定资产			单位	登记卡数量	盘点数量	盘盈		盘亏		备注
	名称	规格	厂牌				数量	金额	数量	金额	

财务主管： 　　　　　　　　　　盘点人员： 　　　　　　　　　　资产管理员：

图 3-22　固定资产盘点表

有价证券盘点报告表

经管部门： 　　　　　　　　　　年　月　日

类型	发行年度期别	到期日	每张面值（元）	账面张数	盘点张数	盘盈亏		
						张数	金额	
								差异原因说明
								处理对策
总经理		部门主管		主管		保管人	会点人	

说明：1.适用盘点项目，股票、公债、金融票券。
　　　2.用途，财务部门与经管部门共同盘点及共同签订。
　　　3.经管部门说明差异原因及拟处理对策呈核。

图 3-23　有价证券盘点表

　　实务中，库存现金和实物资产等资产的清查方法主要是实地盘点法，通过实地盘点法来确定库存现金或实物资产的实存数，然后与现金日记账或各种实物资产的总账账面余额进行核对，确定账实是否相符。

　　另外，在进行实物资产清查时，有些实物资产数量较多且不方便使用实地盘点法，需要利用技术方法进行推算，即技术推算法，也称估推法，采用这种方法时，不需要对财产物资逐一清点计数，而是通过量方、计尺等技术，推算财产物资的结存数量。因此，这种方法只适用于成堆量大而价值不高，难以逐一清点的财产物资，比如露天堆放的煤炭、砂石等。

各公司根据自身经营业务的需要，设计相应的资产盘点表，以备日后使用。

无论是哪种资产，在清查盘点后，如果实存数刚好等于账面数，则无须做任何账务处理；如果清查盘点后，实存数与账面数不相等，实存数大于账面数（即盘盈）或实存数小于账面数（即盘亏），都要根据规定做相应的账务处理，调整各资产的账面数。

3.3.6 自制银行存款余额调节表

银行存款余额调节表是由企业编制的、可作为银行存款科目的附列资料保存的一种对账记录工具。虽然该表用于核对公司的银行存款，看账面数目和银行账目是否一致，但它并不是凭证。

利用银行存款余额调节表进行对账，其原理是在银行对账单余额与企业账面余额的基础上，各自加上对方已收而本单位未收账项的数额，再减去对方已付而本单位未付账项的数额，来调整双方余额使其一致。

这里所说的"对方已收而本单位未收账项"和"对方已付而本单位未付账项"统称为未达账项。利用银行存款余额调节表记录未达账项后，如果银行对账单余额与企业账面余额相等，则可初步断定公司账目没有问题；如果余额还是不相等，说明公司账目有问题，需及时找出问题和产生原因，并及时更正。

需要说明的是，即使在考虑了未达账项后银行对账单余额和企业账面余额相等，也不能百分之百断定公司的账目没有问题，因为实务中可能存在一些错账，使得利用银行存款余额调节表无法查出，比如会计科目用错。

由此可见，银行存款余额调节表在企业进行对账时也发挥着重要的作用，实务中也可能经常使用，因此有必要事先设计银行存款余额调节表模板，以供日后对账时使用，常见的样式如图 3-24 所示。

银 行 存 款 余 额 调 节 表

编制单位：　　　　　　　　　　　　　年　月　　　　　　　　　　　　　　金额单位：元

银行账号：　　　　　　　　　　开户行：　　　　　　　　　　　　　　　币种：人民币

项　　目			金　额	项　　目			金　额
企业银行存款账面余额				银行对账单余额			
加：银行已收而企业未收的款项				加：企业已收而银行未收的款项			
序号	记账日期	票据号码	摘　要	序号	记账日期	票据号码	摘　要
减：银行已付而企业未付的款项				减：企业已付而银行未付的款项			
序号	记账日期	票据号码	摘　要	序号	记账日期	票据号码	摘　要
1							
调节后的存款余额：				调节后的存款余额：			

财务主管：　　　　　　复核：　　　　　　出纳：　　　　　　　　年　月　日

图 3-24　银行存款余额调节表

3.4　了解会计账簿

　　会计账簿是以会计凭证为依据，对企业全部经济业务进行全面、系统、连续、分类地记录和核算的簿籍，是由专门格式并以一定形式联结在一起的账页组成的。设置和登记会计账簿，是一个公司重要的会计核算基础工作，是连接会计凭证与会计报表的中间环节，做好这项工作，能有效提高公司的财务管理水平，同时加强经济管理，新公司尤其要注重账簿的设置。

3.4.1　会计电算化财务软件系统自动生成会计账簿

　　会计电算化就是计算机会计，指以电子计算机为主体的信息技术在会计工作中的应用。从实务操作上讲，会计电算化就是利用专门的财务软件，指挥各种计算机设备替代手工完成或手工很难完成的会计工作。

会计电算化也是一个应用电子计算机实现的会计信息系统，它实现了数据处理的自动化。因此，会计电算化财务软件系统可自动生成各种会计账簿，不需要会计人员手工登记账簿。

下面以金蝶 KIS 教学版为例，了解财务软件系统自动生成会计账簿的相关操作。

实务案例 利用财务软件生成会计账簿

下载并安装金蝶 KIS 教学版，双击电脑桌面的财务软件图标（或在"开始"菜单中选择启动金蝶财务软件程序），在打开的登录对话框中选择要使用的账套，然后输入登录名和登录密码，单击"确定"按钮，如图 3-25（左）所示；随后即可进入财务软件的主界面，如图 3-25（右）所示。

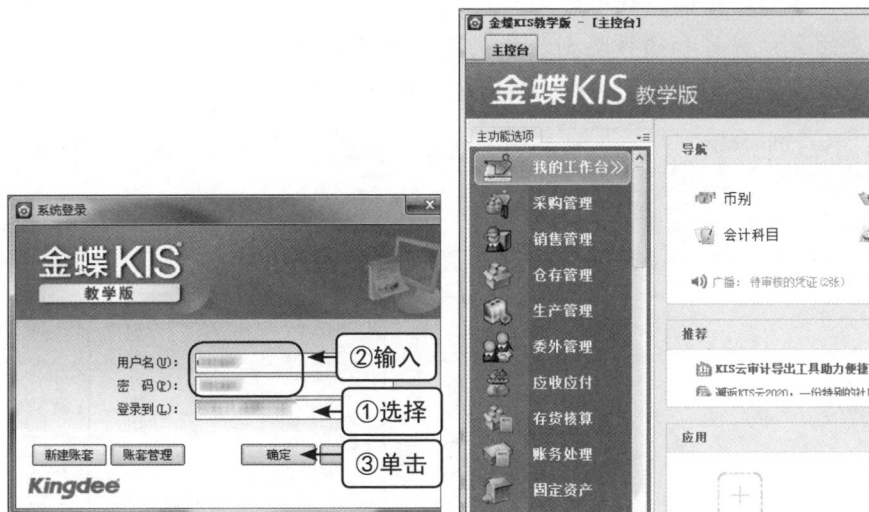

图 3-25 登录财务软件系统

从图 3-25 中可看到，该财务软件系统可进行采购管理、销售管理、仓存管理、生产管理、委外管理、应收应付、存货核算、账务处理、固定资产管理等。而在期末时要生成相应的会计账簿，则单击主界面右侧的"账务处理"选项卡，在界面右侧选择需要生成的账簿类型，如图 3-26 所示。

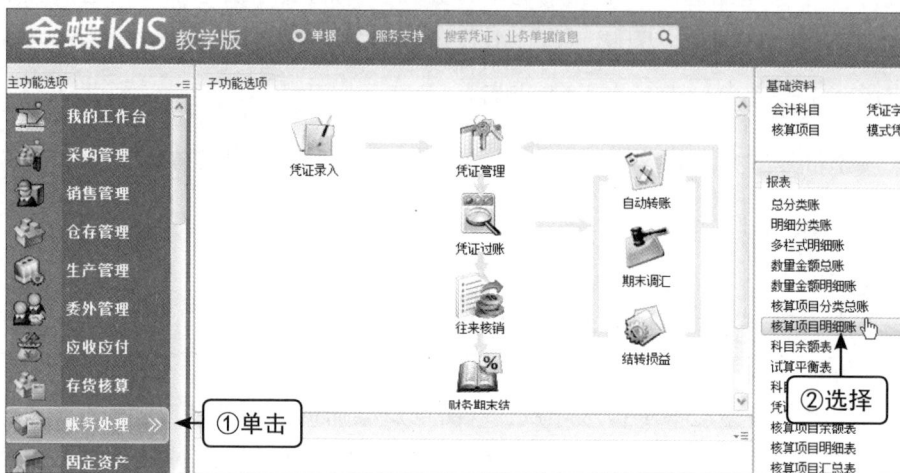

图 3-26　选择会计账簿类型

进入新的界面，在打开的"过滤条件"对话框中设置会计期间，输入相应的会计科目和项目类别、代码以及项目级别，单击"确定"按钮，即可使系统自动生成相应科目的明细账，如图 3-27 所示。

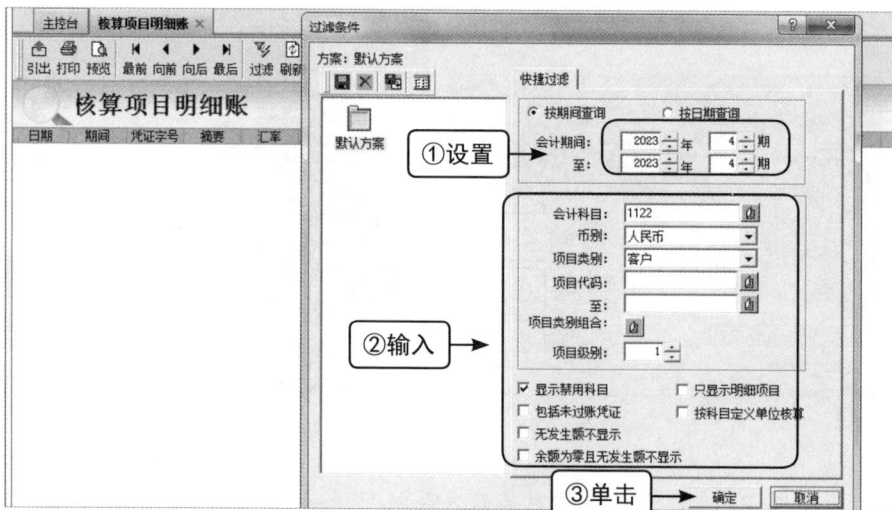

图 3-27　设置过滤条件生成账簿

注意，如果不选择具体的会计科目，系统将默认生成所有会计科目的明细账。实务中，不同的财务软件，甚至同一种财务软件的不同版本，在操作上都可能存在细微差别，具体以实际使用的财务软件为准。

3.4.2 企业经营所需的主要会计账簿类型

虽然在会计电算化下会计人员不需要再手动登记会计账簿，但公司经营过程中可能涉及的主要会计账簿类型还是需要掌握并牢记。

按照不同的分类依据，可以划分出不同的会计账簿类型，简单介绍如下：

（1）按用途划分账簿类型

会计账簿按照用途可划分为序时账簿、分类账簿和备查账簿。序时账簿又称日记账，是按照经济业务发生时间的先后顺序逐日、逐笔登记的账簿，如现金日记账和银行存款日记账，如图 3-28 和图 3-29 所示。

现 金 日 记 账

年		凭证		对方科目	摘要	收入（借方）									核对	支出（贷方）									核对	结余（余额）									核对
月	日	种类	号数			百	十	万	千	百	十	元	角	分		百	十	万	千	百	十	元	角	分		百	十	万	千	百	十	元	角	分	

图 3-28　现金日记账

银 行 存 款 日 记 账

开户行

账　号

年		凭证		对方科目	摘要	收入（借方）									支出（贷方）									结余（余额）									核对
月	日	种类	号数			百	十	万	千	百	十	元	角	分	百	十	万	千	百	十	元	角	分	百	十	万	千	百	十	元	角	分	

图 3-29　银行存款日记账

分类账簿是按照分类账户设置登记的账簿，是会计账簿的主体，也是编制财务报表的主要依据，按照反映经济业务的详略程度，又可分为总分类账簿和明细分类账簿。总分类账簿通常采用三栏式账页格式，而明细分类账簿有三栏式、数量金额式等账页格式，后面结合账页格式的分类进行展示。

备查账簿又称辅助登记簿或补充登记簿，是对某些在序时账簿和分类账簿中未能记载或记载不全的经济业务进行补充登记的账簿，如租入固定资产登记簿、代管商品物资登记簿和应收票据登记簿等。

（2）按账页格式划分账簿类型

三栏式账簿是设有“借方”“贷方”和“余额”三个金额栏目的账簿，涉及各种日记账、总账以及资本、债权、债务明细账等，如图3-30和图3-31所示。

总　账

会计科目及编号名称：________

年		记账凭证号数	摘要	页数	借方									贷方									借或贷	余额								
月	日				百	十	万	千	百	十	元	角	分	百	十	万	千	百	十	元	角	分		百	十	万	千	百	十	元	角	分

图3-30　三栏式总账

________**明细账**

年		记账凭证号数	摘要	页数	借方									贷方									借或贷	余额								
月	日				百	十	万	千	百	十	元	角	分	百	十	万	千	百	十	元	角	分		百	十	万	千	百	十	元	角	分

图3-31　三栏式明细账

多栏式账簿是在账簿的"借方"和"贷方"两个金额栏中按需要分设若干专栏的账簿,收入、成本和费用明细账一般采用多栏式,如图3-32所示。

	记账凭证号数	摘要	借 方			贷 方			借或贷	余 额
年			合 计	进项税额	已交税额	合 计	销项税额	进项税额转出		
月 日			万千百十元角分	千百十元角分	万千百十元角分	万千百十元角分	千百十元角分	万千百十元 角		万千百十元角分

_____ 明细账

图 3-32　多栏式明细账

数量金额式账簿是在账簿的"借方""贷方"和"余额"3个栏目内,每个栏目再分设数量、单价和金额三个小栏,借此反映财产物资的实物数量和价值量的账簿。原材料和库存商品等明细账一般采用数量金额式,如图3-33所示。

_____ 明细账

存货仓名:_____ 　　规格:_____ 　　单位:_____

年	记账凭证号数	摘要	页数	收入			发出			结存		
月 日				数量 单价	金额 百十万千百十元角分		数量 单价	金额 百十万千百十元角分		数量 单价	金额 百十万千百十元角分	

图 3-33　数量金额式明细账

除了这些账页格式的账簿外,还有一些账页格式为横线登记式,由于实务中很少用到,这里不做详细介绍和展示。

(3) 按外形特征划分账簿类型

会计账簿按外形特征,可分为订本式账簿、活页式账簿和卡片式账簿。

订本式账簿即订本账,是在启用前就已经将编有顺序页码的一定数量账页装订成册的账簿。优点是能避免账页散失和防止故意抽换账页，缺点是不能准确为各账户预留账页，这类账簿一般适用于重要的和具有统驭性的总账及日记账。

活页式账簿即活页账，是将一定数量的账页置于活页夹中，可根据记账内容的变化随时增减部分账页的账簿。优点是记账时可根据实际需要随时插入空白账页，或抽出不需要的账页，便于分工记账；缺点是如果管理不善，很可能造成账页散失或被故意抽换。这类账簿一般适用于明细账。

卡片式账簿即卡片账，是将一定数量的卡片式账页存放在专设的卡片箱中，可根据需要随时增添账页的账簿。在我国，企业一般只对固定资产的核算采用卡片账。

实务答疑

问：什么是试算平衡表？

答： 试算平衡表是某一时点上的各种账户及其余额的列表，各个账户的余额都会反映在试算平衡表相应的借方或贷方栏内。试算平衡表用来定期地加计分类账户的借贷方发生额及其余额的合计数，以检查借贷方是否平衡、账户记录是否有误。实际运用时，需要结合本章 3.2.2 节的计算公式进行。

问：哪些情况不能进行费用报销？

答： ①收据和白条不予报销；②假发票不予报销；③报销内容与发票记载内容不一致的不予报销；④票据有残缺的不予报销；⑤票据上大小写金额不一致的不予报销；⑥提供的资料或证明文件不充分的不予报销；⑦超出企业规定范围的费用支出不予报销等。

问：假发票与虚假发票有什么关系？

答： 虚假发票包括假发票。假发票是指发票本身是假的，属于伪造、非税务机关监制的假发票；除此以外，虚假发票还包括真票虚开，即发票是真的，但发票反映的经济业务是虚假的或与实际不符的。

第4章

发票管理与纳税申报

发票是一切单位和个人在购销商品，提供或接受服务，以及从事其他经营活动时所开具和收取的业务凭证，是会计核算的原始依据，也是审计机关、税务机关执法检查的重要依据。因此，发票与公司的税务工作密切相关。公司的会计人员要做好发票管理工作，以便进行纳税申报和税费缴纳，并保证这些活动有章可循。新公司要树立好形象，更应该做好这些工作。

4.1 发票与增值税的密切关系

简单来说，发票通常都是用来处理与增值税有关的税务的票据。比如增值税一般纳税人取得增值税专用发票，可以进行增值税进项税额抵扣；所有纳税人需要通过取得增值税发票来缴纳增值税税费等。因此，做好发票管理工作，能在一定程度上使新公司的增值税税务更规范。

4.1.1 认识我国企业常见发票类型

从发票的大类来看，主要有 4 类票种：增值税专用发票、增值税普通发票、机动车销售统一发票和二手车销售统一发票，这些票种运用场景不同，会有不同的版式，下面来一一介绍。

（1）增值税专用发票

增值税专用发票还包括增值税电子专用发票，是增值税纳税人销售货物或提供应税劳务开具的发票，是购买方支付增值税额并可按照增值税有关规定据以抵扣增值税进项税额的凭证。如图 4-1 和图 4-2 所示分别为增值税专用发票和增值税电子专用发票的版式。

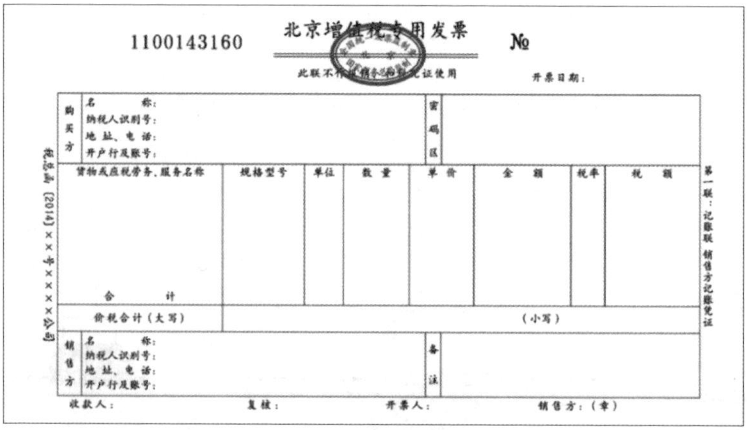
1100143160
北京增值税专用发票
№
开票日期：
购买方 名称： 纳税人识别号： 地址、电话： 开户行及账号：
密码区

货物或应税劳务、服务名称	规格型号	单位	数量	单价	金额	税率	税额
合计							
价税合计（大写）	（小写）						

销售方 名称： 纳税人识别号： 地址、电话： 开户行及账号：
备注
收款人： 复核： 开票人： 销售方：（章）
税总函〔2014〕××号××××公司
第一联：记账联 销售方记账凭证

图 4-1 增值税专用发票

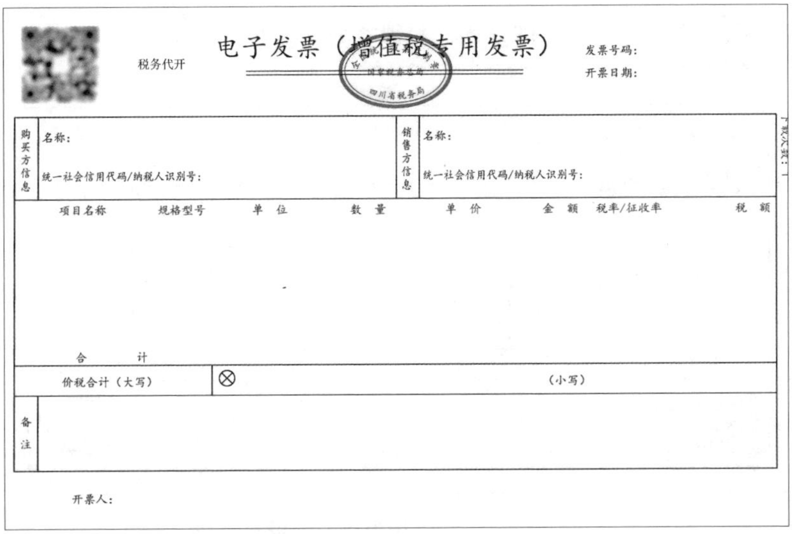
税务代开
电子发票（增值税专用发票）
发票号码：
开票日期：
购买方信息 名称：
统一社会信用代码/纳税人识别号：
销售方信息 名称：
统一社会信用代码/纳税人识别号：

项目名称	规格型号	单位	数量	单价	金额	税率/征收率	税额
合计							

价税合计（大写） ⊗ （小写）
备注
开票人：

图 4-2　增值税电子专用发票

（2）增值税普通发票

增值税普通发票还包括电子普通发票、卷式发票和通行费发票，是增值税纳税人销售货物或提供应税劳务、服务时，通过增值税税控系统开具的普通发票。如图 4-3、图 4-4、图 4-5 和图 4-6 所示分别为增值税普通发票、增值税电子普通发票、卷式发票和通行费发票的版式。

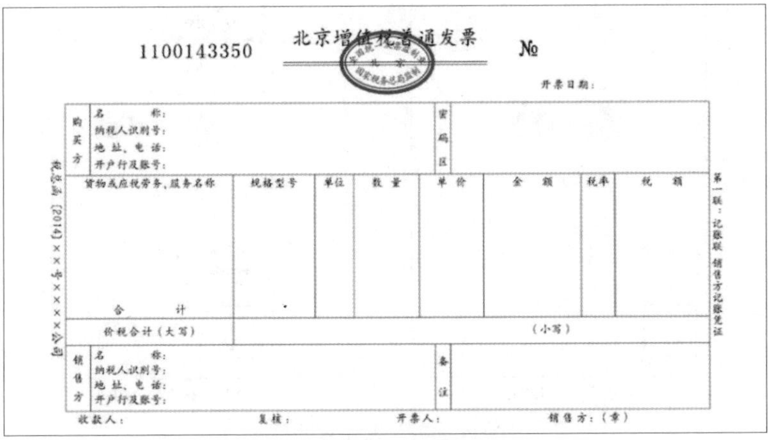
1100143350
北京增值税普通发票
№
开票日期：
购买方 名称：
纳税人识别号：
地址、电话：
开户行及账号：
密码区

货物或应税劳务、服务名称	规格型号	单位	数量	单价	金额	税率	税额
合计							

价税合计（大写） （小写）
销售方 名称：
纳税人识别号：
地址、电话：
开户行及账号：
备注
收款人： 复核： 开票人： 销售方：（章）
税总函[2014]××号××××公司
第一联：记账联 销售方记账凭证

图 4-3　增值税普通发票

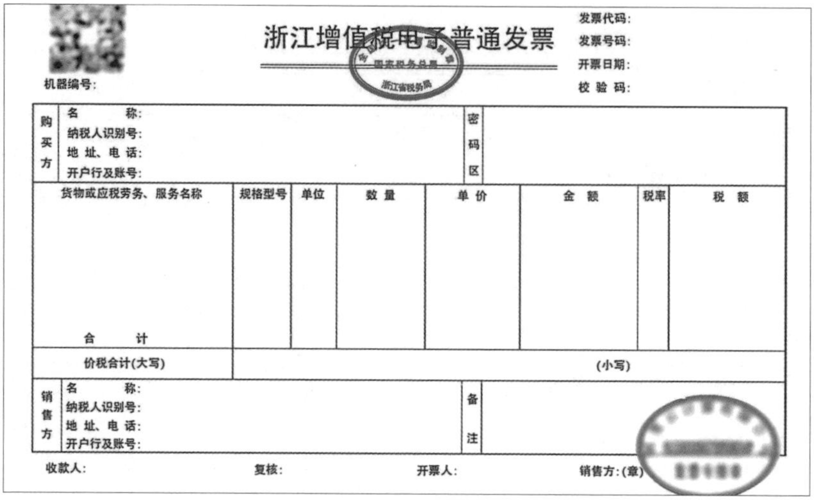

图 4-4　增值税电子普通发票

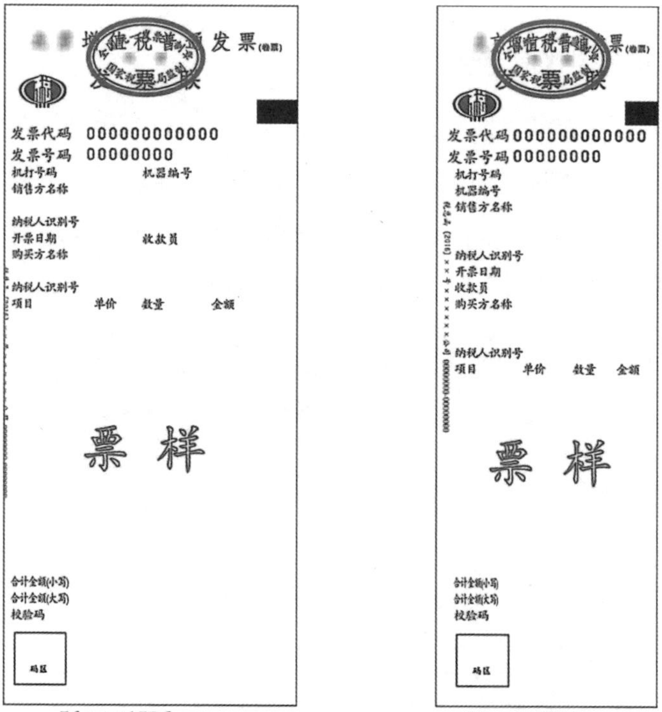

76mm×177.8mm　　　　　57mm×177.8mm

图 4-5　卷式发票

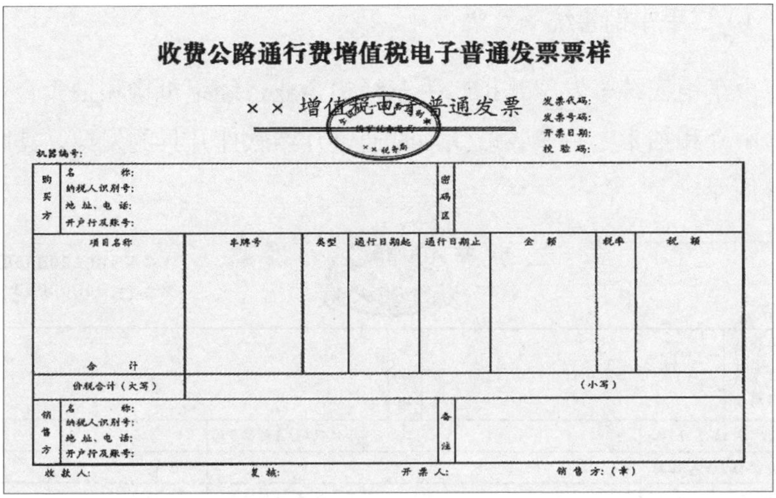

图 4-6　通行费发票

（3）机动车销售统一发票

机动车销售统一发票是指凡从事机动车零售业务的单位和个人在销售机动车收取款项时开具的发票，其版式如图 4-7 所示。

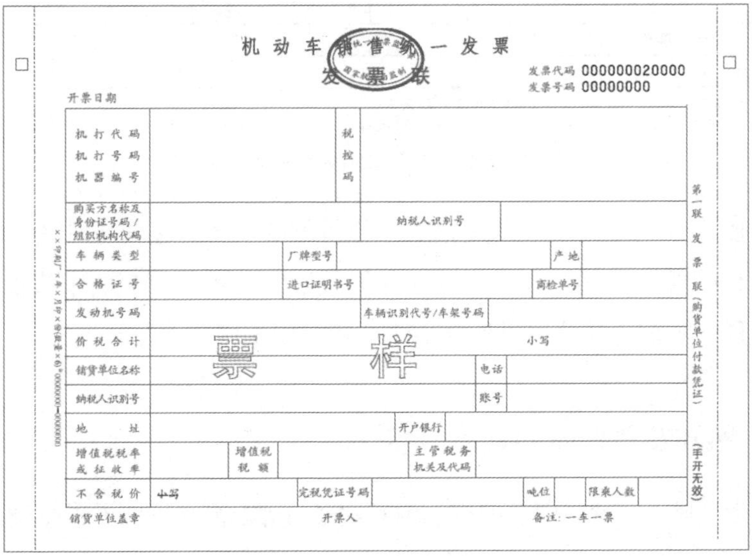

图 4-7　机动车销售统一发票

（4）二手车销售统一发票

二手车销售统一发票是指二手车经销企业、经纪机构和拍卖企业等在销售、中介和拍卖二手车收取款项时通过开票软件开具的发票，其版式如图 4-8 所示。

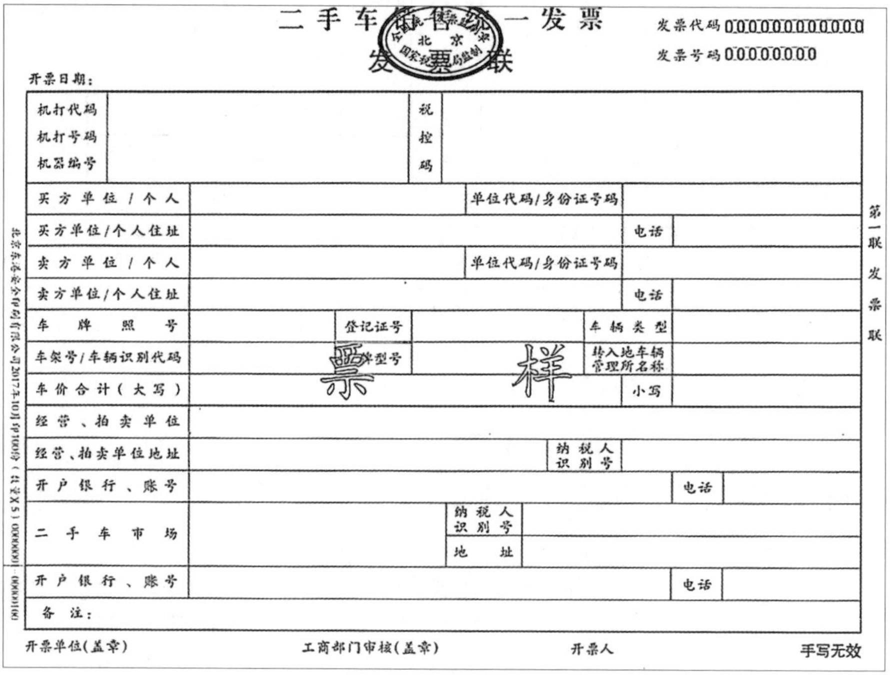
二手车销售统一发票
发票联
发票代码 000000000000
发票号码 00000000
开票日期：

机打代码 机打号码 机器编号		税控码			
买方单位/个人		单位代码/身份证号码			
买方单位/个人住址				电话	
卖方单位/个人		单位代码/身份证号码			
卖方单位/个人住址				电话	
车牌照号		登记证号		车辆类型	
车架号/车辆识别代码		厂牌型号		转入地车辆管理所名称	
车价合计（大写）				小写	
经营、拍卖单位					
经营、拍卖单位地址				纳税人识别号	
开户银行、账号				电话	
二手车市场		纳税人识别号			
		地址			
开户银行、账号				电话	
备注：					

开票单位(盖章)　工商部门审核(盖章)　开票人　手写无效

第一联 发票联

北京东港安全印刷有限公司2017年10月印100份

图 4-8　二手车销售统一发票

增值税专用发票不仅是购销双方收付款的凭证，还可以作为购买方扣除增值税的凭证，具有商事凭证和完税凭证的双重作用。而增值税普通发票除了税法规定的经营项目外都不能抵扣进项税额。

4.1.2　熟知发票票面的具体内容

无论是哪种发票，票面内容的填写必须完整，否则发票不予受理。那么，发票的主要内容包括哪些呢？见表 4-1。

表 4-1　发票的主要内容

内容	说　明
票头	即发票名称，如"增值税专用发票""增值税普通发票""机动车销售统一发票"等
发票代码	以前称之为"字轨号码"，可以反映发票的使用地区、制版年度、批次和版本等信息
联次及用途	即同一张发票在不同情形下使用的"克隆"版本，不同的联次用途不同。比如记账联用作销售方记账凭证，发票联用作购买方付款凭证，抵扣联用作购货方抵税凭证，存根联由销售方留存备查等
客户名称	即购买方的单位全称或个人全名
银行开户账号	指销售方的银行开户账号，便于购买方转账汇款
商（产）品名称或经营项目	指当次所销售商品或产品的名称
计量单位	指为定量表示同种量的大小而约定的定义和采用的特定量，各种物理量都有其量度单位，如"件""台""套""箱""罐"等
数量	即商品或产品具体的量，一般与计量单位搭配使用，如"100件""20台""150套""200箱""1 000罐"等，这些"100""20""150""200"和"1 000"就是数量
单价	即当次销售商品或产品的单位价格，即单位数量的价值量
金额	即当次销售商品或产品的不含税总金额
税率	即当次销售商品或产品对应的增值税税率
税额	即当次销售商品或产品按照对应的增值税税率计算得出的应交增值税销项税额（小规模纳税人就是应交增值税税额）
大小写金额	一般指当次销售商品或产品的价税合计金额，注意大小写金额要保持一致，若不一致，发票无效
经手人	指填开发票的直接责任人
单位印章	这里主要指单位的发票专用章。除此以外，单位还应有自己的公章、财务专用章和合同专用章等
开票日期	即开具发票的当天，一般应与经济业务发生日期相一致，但特殊情况下也可以比业务发生日期晚一些

📎 **知识贴士** 发票的真伪识别方法

①防伪油墨颜色摩擦可变。

防伪效果：发票各联次左上方的发票代码使用防伪油墨印制，油墨印记在外力摩擦作用下可发生颜色变化，产生红色擦痕。

鉴别方法：使用白纸摩擦票面的发票代码区域，在白纸表面及地区代码的摩擦区域均会产生红色擦痕。

②专用异型号码。

防伪效果：发票各联次右上方的发票号码为专用异型号码，字体为专用异型变化字体。

鉴别方法：直观目视识别。

③复合信息防伪。

防伪效果：发票的记账联、抵扣联和发票票面具有复合信息防伪特征。

鉴别方法：使用复合信息防伪特征检验仪检测。

4.1.3 发票的开具与保管

纳税人在销售商品或产品、提供劳务或服务，以及从事其他经营活动且收取款项时，应向付款方（即购买方）开具发票，但特殊情况下，会由付款方向收款方开具发票，比如向农产品生产者收购农产品，由收购方（即付款方）向农产品生产者开具农产品销售发票。

那么，纳税人在开具发票时，具体需要注意哪些问题和细节呢？

◆ 开具发票时应按照规定的时限、顺序，逐栏、全部联次一次性如实开具，并加盖单位发票专用章。

◆ 使用计算机开具发票的，必须经过国家税务机关批准，并使用国家税务机关统一监制的机外发票，且开具发票后的存根联应按顺序号装订成册。

◆ 发票一般限于领购的单位和个人在本市（县）范围内使用，跨市（县）范围的，应使用经营地的发票。

◆ 开具发票的单位和个人如果遇到税务登记内容发生变化，应相应地办理发票和发票领购簿的变更手续；如果要办理注销税务登记，则应在注销税务登记前缴销发票领购簿和未使用的空白发票。

◆ 所有单位和从事生产经营的个人在购买商品或接受服务，以及从事其他经营活动支付款项时，不得要求开票方变更发票上的品名和金额。而开票方如果接到付款方的这类要求，应不予以办理。

◆ 对不符合规定的发票，不得作为报销凭证，且任何单位和个人有权拒收。

◆ 发票应在有效期内使用，过期应作废。

纳税人除了要按规定填开发票，还应做好发票的保管工作，防止出现纳税风险，给公司带来不必要的经济损失，具体的保管工作内容有如下一些：

◆ 建章立制。建立专门的发票管理制度来规范发票管理工作。

◆ 设置台账。专门设置发票使用登记簿，详细记录发票的使用情况。

◆ 定期保存。已开具的发票存根联和发票登记簿及账册等应按规定期限进行保存，保存期满后报经国家税务机关查验后销毁。

◆ 专人保管。增值税专用发票要由专人保管，放置在保险柜中。

◆ 抵扣联装订成册。公司收到或取得的发票抵扣联要及时装订成册。

◆ 不得跨区域使用发票。未经批准，不得跨规定的区域携带、邮寄或运输空白发票；禁止携带、邮寄或运输空白发票出入境。

◆ 发票丢失要报告。纳税人发生丢失、被盗增值税专用发票和普通发票时，应在发现丢失或被盗的当日书面报告主管税务机关，在报刊和电视等传播媒介上公告声明作废，并接受税务机关处罚，其中，丢失或被盗增值税专用发票的，纳税人应在事发当天书面报告国家税务机关，并在《中国税务报》上公开声明作废。

其他在发票管理过程中需要注意的问题，可参考《中华人民共和国发票管理办法》执行。

4.1.4 发票与税额抵扣问题

税额抵扣也称税额扣除，指纳税人按照税法规定，在计算缴纳税款时对于以前环节缴纳的税款准予扣除的一种税收优惠。

而发票与税额抵扣最直接相关的就是增值税进项税额的抵扣。根据《中华人民共和国增值税暂行条例》的相关规定可知，纳税人购进货物或接受应税劳务支付或负担的增值税额，为进项税额。而准予从销项税额中抵扣的进项税额主要有以下几种情形：

◆ 从销售方取得的增值税专用发票上注明的增值税额。

◆ 从海关取得的海关进口增值税专用缴款书上注明的增值税额。

◆ 购进农产品，除取得增值税专用发票或海关进口增值税专用缴款书外，按照农产品收购发票或销售发票上注明的农产品买价和9%的扣除率计算的进项税额。

◆ 购进或销售货物以及在生产经营过程中支付运输费用的，按照运输费用结算单据上注明的运输费用金额和相应的扣除率计算的进项税额。

从上述列示的可以从销项税额中抵扣的进项税额来看，纳税人要想顺利进行增值税进项税额抵扣，必须取得相应的凭证和单据，一般都是发票，而且必须是符合要求的增值税专用发票。如果纳税人取得的发票是增值税普通发票，则不能进行进项税额抵扣。换句话说，纳税人购进货物或应税劳务，取得的增值税扣税凭证不符合法律、行政法规或国务院税务主管部门有关规定的，其进项税额不得从销项税额中抵扣。

除此以外，还有一些特殊的情况在发生时，其进项税额不得从销项税额中抵扣，内容如下：

◆ 用于非增值税应税项目、免征增值税项目、集体福利或个人消费的购进货物或应税劳务对应的增值税进项税额。

◆ 非正常损失的购进货物及相关的应税劳务对应的增值税进项税额。

◆ 非正常损失的在产品、产成品所耗用的购进货物或应税劳务对应的增值税进项税额。

◆ 国务院财政、税务主管部门规定的纳税人自用消费品的增值税进项税额。

◆ 上述四项规定的货物的运输费用和销售免税货物的运输费用的增值税额。

注意，如果纳税人是小规模纳税人，就算符合上述规定和情形，在销售货物或应税劳务时，也不得抵扣进项税额，而是实行按照销售额和征收率计算应纳税额的简易办法。

4.1.5 增值税的征收管理规定

不同的经济行为，其增值税的纳税义务发生时间可能不同，纳税地点也可能不同；纳税人根据自身实际情况选择适用的纳税期限也可能不同。

（1）增值税纳税义务发生时间

纳税人发生应税销售行为的，增值税纳税义务发生时间为收讫销售款项或取得索取销售款项凭据的当天，先开具发票的，为开具发票的当天，此种情况下又会因为销售方式的不同而有不同的纳税义务发生时间，具体见表4-2。

表4-2　不同的销售方式和不同的纳税义务发生时间

销售方式	纳税义务发生时间
采取直接收款方式销售货物	不论货物是否发出，均为收到销售款或取得索取销售款凭据的当天
采取托收承付和委托银行收款方式销售货物	为发出货物并办妥托收手续的当天
采取赊销和分期收款方式销售货物	为书面合同约定的收款日期当天，无书面合同或书面合同没有约定收款日期的，为货物发出的当天
采取预收货款方式销售货物	为货物发出的当天，但生产销售生产工期超过12个月的大型机械设备、船舶和飞机等货物，为收到预收款或书面合同约定的收款日期的当天
委托其他纳税人代销货物	为收到代销单位的代销清单或收到全部或部分货款的当天；未收到代销清单和货款的，为发出代销货物满180天的当天
从事金融商品转让的	为金融商品所有权转移的当天
发生相关视同销售货物行为	为货物移送的当天

而纳税人进口货物的，纳税义务发生时间为报关进口的当天。增值税扣缴义务发生时间为纳税人增值税纳税义务发生的当天。

（2）纳税地点

根据《中华人民共和国增值税暂行条例》的相关规定，关于增值税纳税地点的规定有如下内容：

◆ 固定业户应向其机构所在地的主管税务机关申报纳税；总机构和分支机构不在同一县（市）的，应分别向各自所在地的主管税务机关申报纳税；经国务院财政、税务主管部门或其授权的财政、税务机关批准，可由总机构汇总向总机构所在地主管税务机关申报纳税。

◆ 固定业户到外县（市）销售货物或应税劳务，应向其机构所在地主管税务机关申请开具外出经营活动税收管理证明，并向其机构所在地主管税务机关申报纳税；未开具证明的，应向销售地或劳务发生地主管税务机关申报纳税；未向销售地或劳务发生地主管税务机关申报纳税的，由机构所在地的主管税务机关补征税款。

◆ 非固定业户销售货物或应税劳务，应向销售地或劳务发生地主管税务机关申报纳税；未向销售地或劳务发生地主管税务机关申报纳税的，由机构所在地或居住地主管税务机关补征税款。

◆ 进口货物，应向报关地海关申报纳税。

◆ 扣缴义务人应向其机构所在地或居住地主管税务机关申报缴纳其代扣代缴的税款。

（3）纳税期限

根据《中华人民共和国增值税暂行条例》的相关规定可知，增值税的纳税期限有固定期限和按次纳税。固定期限包括1日、3日、5日、10日、15日、1个月或1个季度，具体纳税期限由税务机关根据纳税人应纳税额的大小分别核定。不能按固定期限纳税的，可按次纳税，其中，以一个季度为纳税期限的适用于小规模纳税人、银行、财务公司、信托投资公司和信用社等。

纳税人以一个月或一个季度为一个纳税期的，自期满之日起15日内申报纳税；以1日、3日、5日、10日或15日为一个纳税期的，自期满之日起5日内预缴税款，在次月1日起15日内申报纳税并结清上月应纳税款。

扣缴义务人解缴税款的期限依照前述规定执行。纳税人进口货物的，应自海关填发进口增值税专用缴款书之日起 15 日内缴纳税款。

纳税人出口货物适用退（免）税规定的，应向海关办理出口手续，凭出口报关单等有关凭证，在规定的出口退（免）税申报期内按月向主管税务机关申报办理该项出口退（免）税。出口货物办理退税后发生退货或退关的，纳税人应依法补缴已退的税款。

4.2 所得税的纳税申报

在我国，所得税一般指企业所得税和个人所得税。企业所得税的纳税人为取得生产经营所得和其他所得的各类企业、事业单位、社会团体、民办非企业单位以及从事经营活动的其他组织；个人所得税的纳税人为取得各项应税所得的个人（即自然人）。由于企业所得税和个人所得税分别关系着企业和个人的经济利益，因此其纳税事宜都需要被管理者重视。

4.2.1 企业经营获利需要缴纳企业所得税

企业所得税的计税依据为应纳税所得额，是所有应纳税收入减去各项扣除和以前年度亏损后的余额，通过计算公式可直观了解。

应纳税所得额 = 收入总额 – 不征税收入 – 免税收入 – 各项扣除 – 以前年度亏损

由此可体现"经营获利需要缴纳企业所得税"。需要说明的是，如果在核算收入总额时就没有加入不征税收入和免税收入，则不需要另外从收入总额中扣除这两项收入。关于这个计算公式中的各个部分，我们有必要做简单的了解，具体见表 4–3。

表 4-3　企业所得税应纳税所得额计算公式中的各部分内容

项　目	内　容
收入总额	包括销售货物收入，提供劳务收入，转让财产收入，股息、红利等权益性投资收益，利息收入，租金收入，特许使用费收入，接受捐赠收入和其他收入
不征税收入	①财政拨款收入，指各级人民政府对纳入预算管理的事业单位、社会团体等组织拨付的财政资金，但国务院财政、税务主管部门另有规定的除外 ②依法收取并纳入财政管理的行政事业性收费、政府性基金。行政事业性收费是指依照法律法规等有关规定，按照国务院规定程序批准，在实施社会公共管理，以及在向公民、法人或其他组织提供特定公共服务过程中，向特定对象收取并纳入财政管理的费用；政府性基金指企业依照法律、行政法规等有关规定，代政府收取的具有专项用途的财政资金
免税收入	免税收入与不征税收入不同，免税收入是属于企业的应税所得，只不过按照税法规定免予征收企业所得税的收入。而不征税收入是从一开始就不属于企业的应税所得 ①国债利息收入，指企业持有国务院财政部门发行的国债取得的利息收入 ②符合条件的居民企业之间的股息、红利等权益性投资收益，指居民企业直接投资于其他居民企业取得的投资收益。 ③在中国境内设立机构、场所的非居民企业从居民企业取得与该机构、场所有实际联系的股息、红利等权益性投资收益 股息、红利等权益性投资收益不包括连续持有居民企业公开发行并上市流通的股票不足 12 个月取得的投资收益 ④符合条件的非营利组织的收入，不包括非营利组织从事营利性活动取得的收入，但国务院财政、税务主管部门另有规定的除外
各项扣除	各项扣除主要是指企业实际发生的与取得收入有关的、合理的支出，如成本、费用、税金、损失和其他支出。不同的扣除项目其扣除标准不同，大致有如下一些： ①工资、薪金支出，据实扣除 ②职工福利费支出，不超过工资、薪金总额14%的部分准予扣除；工会经费支出，不超过工资、薪金总额 2% 的部分准予扣除；职工教育经费支出，不超过工资、薪金总额 8% 的部分准予扣除，超过部分准予在以后纳税年度结转扣除

项　　目	内　　容
各项扣除	③社会保险费，五险一金据实扣除；补充养老保险和补充医疗保险按标准扣除。商业保险不得扣除 ④借款费用，发生的合理的不需要资本化的借款费用准予扣除 ⑤利息费用，非金融企业向金融企业借款的利息支出、金融企业的各项存款利息支出和同业拆借利息支出、企业经批准发行债券的利息支出，可据实扣除；非金融企业向非金融企业借款的利息支出，不超过按金融企业同期同类贷款利率计算的数额的部分可据实扣除，超过部分不能扣除 ⑥汇兑损失，除已经计入有关资产成本以及与向所有者进行利润分配相关的部分外，准予扣除 ⑦公益性捐赠，在年度利润总额12%以内的部分准予扣除；超过12%的部分准予结转以后3年内扣除 ⑧业务招待费，按照发生额的60%扣除，但最高不得超过当年销售（营业）收入的5‰ ⑨广告费和业务宣传费，不超过当年销售（营业）收入15%的部分准予扣除；超过部分准予在以后纳税年度结转扣除。在企业筹建期间发生的广告费和业务宣传费可据实计入筹办费进行扣除 ⑩其他费用，如环境保护专项资金、财产保险费和相关责任险保险费、租赁费、劳动保护费等，可据实扣除；手续费和佣金支出等按标准扣除
以前年度亏损	即企业经营过程中以前纳税年度发生的亏损

企业所得税适用的一般税率为25%，还有一些伴随税收优惠政策出现的低税率，如20%、15%、10%等。企业所得税的应纳税额计算公式如下：

$$应纳税额 = 应纳税所得额 × 适用税率 - 减免税额 - 抵免税额$$

注意，企业所得税有可能涉及纳税调整，如果在年度汇算清缴时发现有需要调整的纳税项目，就需要做纳税调整。

4.2.2　企业所得税的征收管理规定

严格来说，企业在确认生产经营获利时就是企业所得税的纳税义务发生时间。根据企业类型和经营情况的不同，其纳税地点会不同。而纳税期限也由主管税务机关根据企业的实际情况确定，所以也可能不同。

（1）纳税地点

除税收法律、行政法规另有规定外，居民企业以企业登记注册地主管税务机关为纳税地点；但登记注册地在境外的，以实际管理机构所在地主管税务机关为纳税地点。

非居民企业在中国境内设立机构、场所的，以机构、场所所在地主管税务机关为纳税地点；非居民企业在中国境内设立两个或两个以上机构、场所的，经税务机关审核批准，可选择由主要机构、场所汇总缴纳企业所得税；在中国境内未设立机构、场所的，或虽设立机构、场所但取得的所得与其所设机构、场所没有实际联系的非居民企业，以扣缴义务人所在地主管税务机关为纳税地点。

（2）纳税期限

根据《中华人民共和国企业所得税法》及其实施条例的规定可知，企业所得税按年计征、分月或分季预缴，年终汇算清缴，多退少补。纳税年度自公历 1 月 1 日起至 12 月 31 日止。

企业在一个纳税年度中间开业或终止经营活动，使该纳税年度的实际经营期不足 12 个月的，应以实际经营期为一个纳税年度。企业依法清算的，应以清算期间为一个纳税年度。

按月或按季预缴税款的，应自月份或季度终了之日起 15 日内，向税务机关报送预缴企业所得税纳税申报表，并预缴税款。要注意的是，预缴方法一经确定，在当前纳税年度内不得随意变更。

企业应自年度终了之日起 5 个月内，向税务机关报送年度企业所得税的纳税申报表，并汇算清缴，结清应缴应退税款。企业在年度中间终止经营活动的，应自实际经营终止之日起 60 日内，向税务机关办理当期企业所得税汇算清缴。

企业在纳税年度内无论盈利或亏损，都应依照规定期限，向税务机关报送预缴企业所得税纳税申报表、年度企业所得税纳税申报表、财务会计报告和税务机关规定应报送的其他有关资料。

4.2.3　员工获取劳动报酬负有个人所得税缴纳义务

员工向公司提供劳务，从公司获取劳动报酬，这些报酬在符合纳税条件时就需要按规定缴纳个人所得税。

不同身份的个人需要缴纳个人所得税的所得范围不同。在中国境内有住所，或无住所而一个纳税年度内在中国境内居住累计满 183 天的个人为居民个人，其从中国境内和境外取得的所得需缴纳个人所得税。在中国境内无住所又不居住，或无住所而一个纳税年度内在中国境内居住累计不满 183 天的个人为非居民个人，其从中国境内取得的所得需缴纳个人所得税。

比较特殊的是，个人独资企业和合伙企业不缴纳企业所得税，而只对投资者个人或个人合伙人取得的生产经营所得征收个人所得税。

需要缴纳个人所得税的个人所得，主要包括如下九个应税项目。

（1）工资、薪金所得

工资、薪金所得主要指个人因任职或受雇而取得的工资、薪金、奖金、年终加薪、劳动分红、津贴、补贴以及与任职或受雇有关的其他所得。但要注意，独生子女补贴、执行公务员工资制度未纳入基本工资总额的补贴、托儿补助费及差旅费津贴和误餐补助等不属于工资薪金性质的补贴和津贴。

（2）劳务报酬所得

劳务报酬所得指个人独立从事非雇用的各种劳务取得的所得，这些劳务主要包括设计、装潢、安装、制图、化验、测试、医疗、法律、会计、咨询、讲学、广播、翻译、书画、雕刻、影视、录音、录像、演出、表演、技术服务、介绍服务、经纪服务、代办服务以及其他劳务等。

（3）稿酬所得

稿酬所得指个人因自己的作品以图书、报刊形式出版、发表而取得的所得，这里的作品包括文学作品、书画作品、摄影作品及其他作品。如果作者去世而其财产继承人取得遗作稿酬，也需要缴纳个人所得税。

（4）特许权使用费所得

特许权使用费所得指个人提供专利权、商标权、著作权、非专利技术和其他特许权的使用权取得的所得。注意，提供著作权的使用权取得的所得不包括稿酬所得。通常，作者将自己的文字作品手稿原件或复印件公开拍卖（竞价）取得的所得是属于提供著作权的使用所得。而个人取得特许权的经济赔偿收入也按特许权使用费所得缴纳个人所得税。

（5）经营所得

经营所得主要包括四类：①个人通过在中国境内注册登记的个体工商户、个人独资企业或合伙企业从事生产、经营活动取得的所得；②个人依法取得执照，从事办学、医疗、咨询和其他有偿服务活动取得的所得；③个人承包、承租、转包或转租取得的所得；④个人从事其他生产、经营活动取得的所得。

（6）利息、股息、红利所得

利息、股息、红利所得指个人拥有债权、股权而取得的利息、股息、红利所得。利息一般指存款、贷款和债券的利息；股息、红利指个人拥有股权取得的公司、企业分红，按照一定比率派发的每股息金为股息，根据公司、企业应分配的超过股息部分的利润按股派发的红股为红利。

（7）财产租赁所得

财产租赁所得指个人出租不动产、土地使用权、机器设备、车船和其他财产取得的所得。

（8）财产转让所得

财产转让所得指个人转让有价证券、股权、合伙企业中的财产份额、不动产、土地使用权、机器设备、车船和其他财产取得的所得。

（9）偶然所得

偶然所得指个人得奖、中奖、中彩和其他偶然性质的所得。

注意，不同的应税所得在核算其应纳税所得额时会有一些细节处理，这里不做详述，知道即可。

4.2.4　个人所得税税率与征收管理规定

个人所得税的税率标准比较复杂，不同的所得类型适用的个人所得税税率标准是不同的，主要划分为如下几种：

（1）综合所得的个人所得税税率

个人的综合所得适用 3% ~ 45% 的超额累进税率，大致有七个档次，为了简化运算，每个档次有对应的速算扣除数，直接采用速算扣除算法比分步核算更方便、快捷。综合所得适用的个人所得税税率见表 4-4。

表 4-4　综合所得适用的个人所得税税率

级数	全年应纳税所得额	税率（%）	速算扣除数（元）
1	不超过 36 000 元的	3	0
2	超过 36 000 元至 144 000 元的	10	2 520
3	超过 144 000 元至 300 000 元的	20	16 920
4	超过 300 000 元至 420 000 元的	25	31 920
5	超过 420 000 元至 660 000 元的	30	52 920
6	超过 660 000 元至 960 000 元的	35	85 920
7	超过 960 000 元的	45	181 920

如果只是单纯的工资、薪金所得，其个人所得税税率为将上表中的全年应纳税所得额换算成全月应纳税所得额，再把速算扣除数除以 12 得到新的每个档次的速算扣除数即可。

（2）经营所得的个人所得税税率

经营所得适用 5%～35% 的超额累进税率，大致分为 5 个档次，为了简化运算，也对每个档次设有速算扣除数。经营所得适用的个人所得税税率见表 4-5。

表 4-5　经营所得适用个人所得税税率

级数	全年应纳税所得额	税率（%）	速算扣除数（元）
1	不超过 30 000 元的	5	0
2	超过 30 000 元至 90 000 元的	10	1 500
3	超过 90 000 元至 300 000 元的	20	10 500
4	超过 300 000 元至 500 000 元的	30	40 500
5	超过 500 000 元的	35	65 500

（3）其他所得

利息、股息、红利所得，财产租赁所得，财产转让所得，以及偶然所得，适用比例税率且税率均为 20%。

财会人员在计算个人所得税应纳税所得额时要注意一些特殊的比例计算和新增的专项附加扣除，这些都需要按规定执行；除此以外，对于个人所得税的征收管理规定，也应熟练掌握。

个人所得税通常由员工所在单位代扣代缴，此时单位就是扣缴义务人。如果个人没有在单位任职或受雇，则需要自行缴纳个人所得税。个人首次取得应税所得或首次办理纳税申报时，应向扣缴义务人或税务机关如实提供纳税人识别号及与纳税有关的信息；如果信息发生变化，应报告扣缴义务人或税务机关。

居民个人取得工资、薪金所得时，可向扣缴义务人提供专项附加扣除有关信息，由扣缴义务人扣缴税款时办理专项附加扣除。

暂不能确定纳税人为居民个人或非居民个人的，应按照非居民个人缴纳税款，年度终了确定纳税人为居民个人的，按照规定办理汇算清缴。

居民个人取得综合所得，按年计算个人所得税；有扣缴义务人的，由扣缴义务人按月或按次预扣预缴税款；需要办理汇算清缴的，应在取得所得的次年 3 月 1 日～ 6 月 30 日内办理汇算清缴。非居民个人取得工资、薪金所得，劳务报酬所得，稿酬所得和特许权使用费所得，有扣缴义务人的，由扣缴义务人按月或按次代扣代缴税款，不需要办理汇算清缴。

纳税人取得经营所得，按年计算个人所得税，由纳税人在月度或季度终了后 15 日内向税务机关报送纳税申报表，并预缴税款；在取得所得的次年 3 月 31 日前办理汇算清缴。

纳税人取得利息、股息、红利所得，财产租赁所得，财产转让所得和偶然所得，按月或按次计算个人所得税；有扣缴义务人的，由扣缴义务人按月或按次代扣代缴税款。

纳税人取得应税所得没有扣缴义务人的，应在取得所得的次月 15 日内向税务机关报送纳税申报表，并缴纳税款。纳税人取得应税所得有扣缴义务人，但扣缴义务人未扣缴税款的，纳税人应在取得所得的次年 6 月 30 日前缴纳税款。

居民个人从中国境外取得所得的，应在取得所得的次年 3 月 1 日～6 月 30 日内申报纳税。非居民个人在中国境内从两处以上取得工资、薪金所得的，应在取得所得的次月 15 日内申报纳税。

4.3 其他税种的纳税申报

站在财务管理的角度，公司财会人员不仅要了解增值税、企业所得税和个人所得税的征收管理，还应了解其他税种的纳税事宜。

4.3.1 消费税及其征收管理规定

消费税是对特定的某些消费品和消费行为征收的一种税，也就是说，消费税的征税范围并没有像增值税一样广泛，该税种的应税税目共 15 个，见表 4-6。

表 4-6 消费税的应税税目

税　　目	说　　明
烟	包括卷烟、雪茄烟和烟丝，其中卷烟又区分为甲类卷烟和乙类卷烟
酒	包括白酒、黄酒、啤酒和其他酒。白酒包括粮食白酒和薯类白酒，啤酒分为甲类啤酒和乙类啤酒，其他酒有土甜酒、复制酒和果木酒等
高档化妆品	包括高档美容、修饰类化妆品，高档护肤类化妆品和成套化妆品，其中高档美容、修饰类化妆品和高档护肤类化妆品是指生产或进口环

续表

税　目	说　　明
高档化妆品	节销售(完税)价格(不含增值税)在 10 元/毫升(克)或 15 元/片(张)及以上的美容、修饰类化妆品和护肤类化妆品；舞台、戏剧、影视演员化妆用的上妆油、卸妆油和油彩等不属于本税目的征收范围
贵重首饰及珠宝玉石	包括各种金银珠宝首饰和采掘、打磨、加工的各种珠宝玉石。金银首饰、铂金首饰、钻石和钻石饰品等是指以金、银、白金、宝石、珍珠、钻石、翡翠、珊瑚和玛瑙等高贵稀有物质，以及其他金属、人造宝石等制作的各种纯金银首饰和镶嵌首饰；其他贵重首饰和珠宝玉石主要是指钻石、珍珠、松石、青金石、橄榄石、长石、玉、碧玺、黄玉、绿柱石和刚玉，以及玻璃仿制品等
鞭炮、焰火	包括喷花类、旋转类、旋转升空类、火箭类、线香类、小礼花类、烟雾类、爆竹类、摩擦炮类和礼花弹类等各种鞭炮、焰火
成品油	包括汽油、柴油、石脑油、溶剂油、航空煤油、润滑油和燃料油这 7 个子目
摩托车	包括气缸容量为 250 毫升的摩托车和气缸容量在 250 毫升（不含）以上的摩托车
小汽车	指由动力驱动，具有四个或四个以上车轮的非轨道承载的车辆，具体包括三类：乘用车、中轻型商用客车和超豪华小汽车。注意，电动汽车、沙滩车、雪地车、卡丁车和高尔夫车不在本税目的征收范围
高尔夫球及球具	包括高尔夫球，高尔夫球杆和高尔夫球包（袋），高尔夫球杆的杆头、杆身和握把
高档手表	指销售价格（不含增值税）每只在 10 000 元（含）以上的手表
游艇	指长度大于 8 米小于 90 米，船体由玻璃钢、钢、铝合金、塑料等多种材料制作，可以在水上移动的水上浮载体
木制一次性筷子	又称卫生筷子，包括各种规格的木制一次性筷子和未经打磨、倒角的木制一次性筷子
实木地板	包括各类规格的实木地板，实木指接地板，实木复合地板，用于装饰墙壁、天棚的侧端面为榫、槽的实木装饰板，未经涂饰的素板
电池	包括原电池、蓄电池、燃料电池、太阳能电池和其他电池
涂料	包括油脂类、天然树脂类、酚醛树脂类、沥青类、醇酸树脂类、氨基树脂类、硝基类、过滤乙烯树脂类、橡胶类、纤维素类等涂料

消费税实行从价计征、从量计征和从价从量复合计征 3 种征税方式，不同的方式其计税依据不同。比如，从价计征以应税消费品的销售额为计税依据，从量计征以应税消费品的销售数量为计税依据，从价从量复合计征则要同时以销售额与销售数量为计税依据。不同的税目对应不同的税率或税额标准，具体可参考《中华人民共和国消费税暂行条例》执行。

消费税的纳税义务发生时间与增值税几乎一致，可直接参考增值税的纳税义务发生时间。而不同的情形下，消费税的纳税地点不同，纳税人销售应税消费品或自产自用应税消费品，除国务院财政、税务主管部门另有规定外，应向纳税人机构所在地或居住地税务机关申报纳税；委托加工应税的应税消费品，除受托方为个人外，由受托方向机构所在地或居住地税务机关解缴消费税税款，受托方为个人的，由委托方向机构所在地税务机关申报纳税；进口的应税消费品，由进口人或其代理人向报关地海关申报纳税；纳税人到外县（市）销售或委托外县（市）代销自产应税消费品的，在应税消费品销售后向机构所在地或居住地税务机关申报纳税；纳税人的总机构与分支机构不在同一县（市）的，应分别向各自机构所在地税务机关申报纳税，不在同一县（市），但在同一省、自治区或直辖市的，经省、自治区和直辖市财政厅（局）、税务局审批同意，可由总机构汇总向总机构所在地税务机关申报纳税。

消费税的纳税期限也与增值税的纳税期限几乎一致，也分固定期限和按次纳税，固定期限也有 1 日、3 日、5 日、10 日、15 日、1 个月和 1 个季度之分，具体的纳税期和纳税时间可直接参考增值税的有关期限和时间。

4.3.2 关税的征缴与纳税申报

关税是对进出国境或关境的货物、物品等征收的一种税。在我国，目前对进出境货物只征收进口关税和出口关税两类。

关税的课税对象是进出境的货物、物品，凡是准予进出口的货物，除国家另有规定外，均应由海关征收进口关税或出口关税。由于关税的税率分很多种，使用比较复杂，所以具体的税目和税率可参考《中华人民共和国海关进出口税则》执行。

进出口货物的计税依据大多都是货物的完税价格，因此在核算进出口货物应缴纳的关税时，重点是要确定其完税价格，这一点是站在财务管理的角度必须要了解的。

关税是在货物实际进出境时，即在纳税人按进出口货物通关规定向海关申报后、海关放行前一次性缴纳。进出口货物的收发货人或其代理人应在海关签发税款缴款凭证的次日起15日内（星期日和法定节假日除外），向指定银行缴纳税款。逾期不缴的，除依法追缴外，由海关自到期的次日起至缴清税款之日止，按日征收欠缴税款的0.5‰的滞纳金。

对由于海关误征、多缴纳税款的；海关核准免检的进口货物在完税后发现有短卸情况，经海关审查认可的；已征出口关税货物因故未装运出口申报退关，经海关查验属实的，纳税人可从缴纳税款之日起一年内书面声明理由，连同纳税收据向海关申请退税，逾期不予受理。而海关应从受理退税申请之日起30日内作出书面答复，并通知退税申请人。

进出口货物完税后，若发现少征或漏征税款，海关有权在一年内予以补征；若因收发货人或其代理人违反规定而造成少征或漏征税款的，海关在3年内可追缴。

4.3.3 附加税费的核算不能忽视

附加税费是指增值税和消费税的附加税费，主要有城市维护建设税、教育费附加和地方教育附加，这些附加税费一般随着增值税和消费税的缴纳而纳税，是不能被忽视的存在。

（1）城市维护建设税

城市维护建设税是以纳税人实际缴纳的增值税、消费税税额为计税依据征收的一种税，主要目的是筹集城镇设施建设和维护资金。换句话说，城市维护建设税的纳税人就是增值税或消费税的纳税人。

城市维护建设税实行差别比例税率，按照纳税人所在地区的不同，设置了3档比例税率：纳税人所在地在市区的，税率为7%；纳税人所在地不在市区，在县城、建制镇的，税率为5%；纳税人所在地不在市区、县城或建制镇的，税率为1%。

财会人员在核算公司应缴纳的城市维护建设税时，要特别注意其计税依据，是纳税人实际缴纳的增值税和消费税税额合计，而不是算出来的应缴纳的增值税和消费税税额合计。

城市维护建设税的纳税义务发生时间为缴纳增值税、消费税的当天，纳税地点也是实际缴纳增值税、消费税的地点，该税种按月或按季计征，不能按固定期限计征的，可按次计征。

实行按月或按季计征的，纳税人应在月度或季度终了之日起15日内申报并缴纳税款；实行按次计征的，纳税人应在纳税义务发生之日起15日内申报并缴纳税款。扣缴义务人解缴税款的期限依照前述规定执行。

（2）教育费附加

教育费附加是由税务机关负责征收，同级教育部门统筹安排，同级财政部门监督管理，专门用于发展地方教育事业的预算外资金，它也是以纳税人实际缴纳的增值税、消费税的税额为计税依据征收。

该附加费的征收比率为3%，计算应纳税额的关键也是确定计税依据，即纳税人实际缴纳的增值税和消费税的合计税额，实际缴纳时与增值税、消费税同时缴纳。

（3）地方教育附加

地方教育附加是根据国家有关规定，为实施"科教兴省"战略，增加地方教育的资金投入，促进各省、自治区、直辖市教育事业发展，开征的一项地方政府性基金。该附加费也以纳税人实际缴纳的增值税、消费税的税额为计税依据征收。

地方教育附加的征收比率为2%，在计算应纳税额时也要以纳税人实际缴纳的增值税和消费税税额合计为计税依据，而不是计算的应缴纳增值税和消费税税额合计。

4.3.4　房产税与契税的征缴与企业资产有关

为什么说房产税和契税的征缴与企业资产有关呢？因为房产税是以房产为征税对象，按照房产的计税价值或房产租金收入向房产所有人或经营管理人等征收的一种税；契税是指国家在土地、房屋权属转移时，按照当事人双方签订的合同与确定价格的一定比例，向权属承受人征收的一种税。而土地、房产对企业来说就是其资产。

（1）房产税的征缴

在我国城市、县城、建制镇和工矿区内拥有房屋产权的单位和个人，都是房产税的纳税人，均应按规定按时足额缴纳房产税。如房屋产权所有人、承典人、房产代管人或使用人等。

房产税有两种计税方法，从价计征和从租计征。从价计征时以房产余值为计税依据，适用比例税率为1.2%，其中房产余值的计算用下面公式；从租计征时以房屋出租取得的租金收入为计税依据，适用比例税率为12%。

$$房产余值 = 应税房产原值 × （1 - 扣除比例）$$

不同的情形下，房产税的纳税义务发生时间是不同的，具体见表4-7。

表4-7 不同情形下房产税的纳税义务发生时间

情 形	纳税义务发生时间
纳税人将原有房产用于生产经营	从生产经营的当月起缴纳房产税
纳税人自行新建房屋用于生产经营	从建成的次月起缴纳房产税
纳税人委托施工企业建设的房屋	从办理验收手续的次月起缴纳房产税
纳税人购置新建商品房	自房屋交付使用的次月起缴纳房产税
纳税人购置存量房	自办理房屋权属转移、变更登记手续,房地产权属登记机关签发房屋权属证书的次月起缴纳房产税
纳税人出租、出借房产	自交付出租、出借本企业房产的次月起缴纳房产税
房地产开发企业自用、出租、出借本企业建造的商品房	自房屋使用或交付的次月起缴纳房产税

房产税在房产所在地缴纳,房产不在同一地方的纳税人,应按房产的坐落地点分别向房产所在地税务机关申报纳税。房产税实行按年计算、分期缴纳的征收方法,具体纳税期限由省、自治区、直辖市人民政府确定。

（2）契税的征缴

在我国境内承受土地、房屋权属转移的单位和个人都是契税的纳税人。在我国,契税的征税范围包括：国有土地使用权出让,土地使用权转让,房屋买卖,房屋赠予,房屋交换以及以土地、房屋权属作价投资、入股,以土地、房屋权属抵债,以获奖方式承受土地、房屋权属等。

📎 知识贴士 国有土地使用权出让与土地使用权转让的区别

国有土地使用权出让是指土地使用者向国家交付土地使用权出让费用,国家将国有土地使用权在一定年限内让与土地使用者的行为。

土地使用权转让是指土地使用者以出售、赠予、交换或其他方式将土地使用权转移给其他单位和个人的行为。

在计缴契税应纳税额时，关键是要确定契税的计税依据，不同的情形下契税的计税依据是不同的，具体可参考《中华人民共和国契税法》的规定执行。契税实行 3% ~ 5% 的幅度比例税率，具体税率由各省、自治区、直辖市人民政府在幅度税率规定范围内，按照本地区的实际情况确定。

契税的纳税义务发生时间为纳税人签订土地、房屋权属转移合同的当天，或纳税人取得其他具有土地、房屋权属转移合同性质凭证的当天，该税种实行属地征收管理，即纳税人发生契税纳税义务时，应向土地、房屋所在地税务机关申报纳税。契税的纳税期限为纳税义务发生之日起 10 日内。

4.3.5　城镇土地使用税与耕地占用税要分清

城镇土地使用税和耕地占用税都是与土地相关的税种，前者是国家在城市、县城、建制镇和工矿区范围内，对使用土地的单位和个人按其实际占用的土地面积为计税依据，按照规定的税额计算征收的一种税；后者则是为了合理利用土地资源，加强土地管理，保护耕地，对占用耕地建房或从事非农业建设的单位或个人征收的一种税。

（1）城镇土地使用税的征收管理

从城镇土地使用税的含义可以看出，在税法规定的征税范围内使用土地的单位和个人都是城镇土地使用税的纳税人，该税种采用定额税率，主要按大、中、小城市和县城、建制镇、工矿区分别规定每平方米城镇土地使用税的年应纳税额的幅度，具体可参考《中华人民共和国城镇土地使用税暂行条例》的规定执行。

在计算企业应缴纳的城镇土地使用税时，关键要确定企业实际占用的应税土地的面积，通常以平方米为单位，乘以适用税额即可。

不同的占用土地情形，城镇土地使用税的纳税义务发生时间是不同的，具体也可参考《中华人民共和国城镇土地使用税暂行条例》的相关规定执行。

该税种的纳税地点为土地所在地，如果使用的土地不属于同一省、自治区、直辖市管辖，则由纳税人分别向土地所在地税务机关缴纳城镇土地使用税；在同一省、自治区、直辖市管辖范围内，但跨地区使用的土地，纳税地点由各省、自治区、直辖市税务局确定。

城镇土地使用税按年计算、分期缴纳，具体纳税期限由各省、自治区、直辖市人民政府确定。

（2）耕地占用税的征收管理

从税种定义来看，在中国境内占用耕地建房或从事非农业建设的单位或个人都是耕地占用税的纳税人，具体征税范围是为了建房或从事非农业建设而占用的国家所有和集体所有的耕地，更细致的征税范围参考《中华人民共和国耕地占用税法》的相关规定。

耕地占用税实行定额幅度税率，根据不同地区的人均耕地面积和经济发展情况实行有地区差别的幅度税额标准，具体参考《中华人民共和国耕地占用税法》的相关规定。

耕地占用税在计算应纳税额时，关键点和城镇土地使用税相似，即确定纳税人实际占用的耕地面积。该税种的纳税义务发生时间为纳税人自收到土地管理部门农用地专用批复文件的当天，而因为其需要在纳税义务发生之日起 30 日内一次性缴纳税款，所以不存在纳税期限。

耕地占用税的纳税地点为所占用耕地或其他农用地所在地税务机关。

4.3.6　与土地使用权关系密切的土地增值税

土地增值税，是对转让国有土地使用权、地上建筑物及其附着物并取得收入的单位和个人，就其转让房地产取得的增值额征收的一种税。

与契税不同，契税是就土地、房屋等出让、转让、交换或赠予等的某些价格征收，而土地增值税是对转让过程中产生的增值额征收。

那么具体有哪些行为需要征收土地增值税呢？内容如下：

◆ 转让国有土地使用权的行为。

◆ 转让地上建筑物及其他附着物产权的行为。

◆ 只对有偿转让的房地产征税，对以继承、赠予等方式无偿转让的房地产不予征收土地增值税。

与城镇土地使用税和耕地占用税不同，土地增值税在计算应纳税额时计税依据为转让房地产所取得的增值额，与土地面积并不直接相关。在我国，土地增值税实行四级超率累进税率，具体见表4-8。

表4-8 土地增值税四级超率累进税率

级数	增值额与扣除项目金额的比率	税率（%）	速算扣除系数（%）
1	不超过50%的部分	30	0
2	超过50%至100%的部分	40	5
3	超过100%至200%的部分	50	15
4	超过200%的部分	60	35

注意，这里是"速算扣除系数"，要与个人所得税的"速算扣除数"区别开来。

站在财务管理的角度，财会人员不仅要了解土地增值税的税率标准，还要切实掌握土地增值税的计税依据与扣除项目的关系，具体可参考如下公式：

$$增值额 = 房地产转让收入 - 扣除项目金额$$

$$土地增值税应纳税额 = 增值额 \times 适用税率 - 扣除项目金额 \times 速算扣除系数$$

由此可见，在计算土地增值税应纳税额时，确定扣除项目金额是关键，具体包括哪些扣除项目呢？见表4-9。

表 4-9　计算土地增值税应纳税额时的扣除项目

扣除项目	说　明
取得土地使用权支付的金额	包括两方面，一是地价款，二是有关费用和税金。如果是以协议、招标、拍卖等出让方式取得土地使用权，地价款＝纳税人支付的土地出让金；如果是以行政划拨方式取得土地使用权，地价款＝按国家有关规定补交的土地出让金；如果是以转让方式取得土地使用权，地价款＝向原土地使用权人实际支付的地价款。有关费用和税金指纳税人在取得土地使用权过程中为了办理有关手续而必须按国家统一规定缴纳的有关登记、过户手续费和契税
房地产开发成本	主要包括6个项目：土地征用及拆迁补偿费、前期工程费、建筑安装工程费、基础设施费、公共配套设施费和开发间接费用
房地产开发费用	包括与房地产开发项目有关的销售费用、管理费用和财务费用，其中，财务费用中的利息支出，凡是能够按转让房地产项目计算分摊并提供金融机构证明的，允许据实扣除，但最高不能超过按商业银行同类同期贷款利率计算的金额；其他房地产开发费用按规定计算的金额之和（取得土地使用权支付的金额＋房地产开发成本，下同）的5%以内计算扣除。如果利息支出不能按转让房地产项目计算分摊或不能提供金融机构证明，则房地产开发费用按规定计算金额之和的10%以内计算扣除
与转让房地产有关的税金	指转让房地产时缴纳的城市维护建设税、印花税和教育费附加等。《中华人民共和国土地增值税暂行条例》规定的土地增值税扣除项目涉及的增值税进项税额，允许在销项税额中计算抵扣的不计入土地增值税的扣除项目；不允许在销项税额中计算抵扣的可计入土地增值税的扣除项目
财政部确定的其他扣除项目	对从事房地产开发的纳税人可按规定计算的金额之和，加计20%的扣除

土地增值税的纳税义务发生时间为转让房地产合同签订的当天，纳税人需要在纳税义务发生后的7日内，到房地产所在地主管税务机关办理纳税申报，并向税务机关提交房屋及建筑物产权、土地使用权证书，土地转让、房产买卖合同、房地产评估报告及其他与转让房地产有关的资料，然后在税务机关规定的期限内缴纳土地增值税税款。

如果纳税人因经常发生房地产转让而难以在每次转让后申报的，经税务机关审核同意后，可按月或按季定期进行纳税申报，具体期限由主管税务机关根据情况确定。其他一些征收管理规定可进入国家税务总局官网参考《中华人民共和国土地增值税暂行条例》。

4.3.7 企业签订交易合同需要缴纳印花税

作为财会人员，一定要知道公司在经营过程中签订的某些交易合同和书立、领受并使用的某些应税经济凭证等是需要根据相关金额缴纳印花税的，而印花税的纳税人就是合同人、立账簿人、立据人、领受人或使用人。

公司在经济活动中发生的经济凭证多种多样，且数量巨大，而需要按规定缴纳印花税的凭证主要有五大类，每个大类又包括具体的征税税目，大致情况见表4-10。

表 4-10　印花税的征税税目

征税范围	应税税目
合同	主要包括买卖合同（即购销合同）、加工承揽合同、建设工程勘察设计合同、建筑安装工程承包合同、财产租赁合同、货物运输合同、仓储保管合同、借款合同、财产保险合同和技术合同
产权转移书据	包括财产所有权和版权、商标专用权、专利权、专有技术使用权等转移书据
营业账簿	指生产经营用账簿，更准确地说是记录实收资本（或股本）和资本公积的账簿
权利、许可证照	包括政府部门发给的不动产权证、营业执照、商标注册证和专利证等
证券交易	指证券持有人依照交易规则将证券转让给其他投资者的行为，一般只对证券交易的出让方征收

关于这些应税税目的具体说明以及对应的税率、税额标准，直接参考《中华人民共和国印花税暂行条例》的规定执行。

印花税的纳税义务发生时间为纳税人订立、领受应税凭证或完成证券交易的当天，其中证券交易的印花税扣缴义务发生时间为证券交易完成的当天，证券登记结算机构为证券交易印花税的扣缴义务人。

如果合同是在国外签订且不方便在国外贴花的，应在将合同带入境时办理纳税手续。

不同情形下的经济行为其缴纳印花税的地点不同。单位纳税人应向其机构所在地主管税务机关申报缴纳印花税；个人纳税人应向应税凭证订立、领受地或居住地税务机关申报缴纳印花税；纳税人出让或转让不动产产权的，应向不动产所在地税务机关申报缴纳印花税；证券交易的印花税扣缴义务人应向其机构所在地主管税务机关申报缴纳扣缴的印花税税款。

印花税通常按季、按年或按次计征。实行按季或按年计征的，纳税人应在季度或年度终了之日起 15 日内申报并缴纳税款；实行按次计征的，纳税人应在纳税义务发生之日起 15 日内申报并缴纳税款。证券交易印花税则按周解缴，扣缴义务人应在每周终了之日起 5 日内申报解缴税款和孳息。

4.3.8　车辆购置与车船税涉及的税务

车辆购置税和车船税从字面上就能看出与车辆、船只有关，其中车辆购置税是对在中国境内购置规定车辆的单位和个人征收的一种税，征税范围只有规定车辆；车船税即车船使用税，是对在中国境内车船管理部门登记的车辆、船舶依法征收的一种税，征税范围是依法应在车船登记管理部门登记的机动车辆和船舶以及依法不需要在车船登记管理部门登记的单位内部场所行驶或作业的机动车辆和船舶。

（1）车辆购置税

车辆购置税采用 10% 的比例税率，而计税依据是应税车辆的计税价格，具体可参考《中华人民共和国车辆购置税法》的相关规定。

车辆购置税实行一次征收制度，税款应一次缴清。纳税人购买自用应税车辆的，纳税义务发生时间为购买当天；进口自用的，纳税义务发生时间为进口当天；自产、受赠、获奖或以其他方式取得并自用的，纳税义务发生时间为取得车辆的当天。也就是说，纳税人购买自用应税车辆应从购买之日起 60 日内申报纳税；进口自用应税车辆应从进口之日起 60 日内申报纳税；自产、受赠、获奖或以其他方式取得并自用应税车辆应从取得之日起 60 日内申报纳税。

该税种的纳税地点为应税车辆的登记注册地主管税务机关；如果购置的是不需要办理车辆登记注册手续的应税车辆，应向纳税人所在地主管税务机关申报纳税。

（2）车船税

车船税的纳税人是在中华人民共和国内属于税法规定的车辆、船舶的所有人或管理人。该税种的应税税目划分有五大类：乘用车、商用车、其他车辆、摩托车和船舶。不同的应税税目对应的年基准税额是不同的，且计税依据也不同，具体可参考《中华人民共和国车船税法》的规定。

车船税通过计税依据和适用年基准税额计算应纳税额，不同的应税税目按照自身的计税依据和适用年基准税额计缴税额。

车船税的纳税义务发生时间为取得车船所有权或管理权的当月，具体以购买车船的发票或其他证明文件所载日期的当月为准；或是车船管理部门合法的车船登记证书或行驶证书所载日期当月。纳税人未按规定到车船管理部门办理应税车船登记手续的，以车船购置发票所载开具时间的当月为纳税义务发生时间；未办理车船登记手续且无法提供车船购置发票的，由主管税务机关核定纳税义务发生时间。

车船税的纳税地点为车船的登记地或车船税扣缴义务人所在地；纳税人自行申报缴纳车船税的，纳税地点为车船登记地主管税务机关；依法不需要办理登记的车辆，纳税地点为车船所有人或管理人的所在地。

车船税按年申报、分月计算、一次性缴纳，纳税年度为公历1月1日~12月31日，具体申报纳税期限由省、自治区、直辖市人民政府规定。

4.3.9 其他特殊税种的征收管理规定

除了前述14个税种以外，我国现行税种还有另外4种特殊税种，即环保税、资源税、烟叶税和船舶吨税，这些税种虽然只在特定的行业企业或是特定的经济行为中才需要征缴，但作为优秀的财会人员，也必然要对这些有大致的了解。

（1）环保税

环保税即环境保护税，是为了保护和改善环境，减少污染物排放，推进生态文明建设而征收的一种税，该税种的纳税人为在中华人民共和国领域和中华人民共和国管辖的其他海域，直接向环境排放应税污染物的企事业单位和其他生产经营者。注意，按照规定征收了环境保护税的，就不再征收排污费。

环保税的征税范围以及对应的税目税额，直接参考《中华人民共和国环境保护税法》所附的环境保护税税目税额表和应税污染物和当量值表即可，大致应税税目分为大气污染物、水污染物、固体废物和噪声这四类。

需要财会人员特别留心的是不属于直接向环境排放污染物的情形，不缴纳相应污染物的环保税，具体内容如下：

◆ 企事业单位和其他生产经营者向依法设立的污水集中处理、生活垃圾集中处理场所排放应税污染物的。

◆ 企事业单位和其他生产经营者在符合国家和地方环境保护标准的设施、场所储存或处置固体废物的。

但是，依法设立的城乡污水集中处理、生活垃圾集中处理场所超过国家和地方规定的排放标准向环境排放应税污染物的，以及企事业单位和其他生产经营者储存或处置固体废物不符合国家和地方环境保护标准的，都要缴纳环保税。

环保税的纳税义务发生时间为纳税人排放应税污染物的当天，纳税地点为应税污染物排放地税务机关。环保税按月计算、按季申报缴纳；不能按固定期限计缴的，可按次申报缴纳。纳税人按季申报缴纳的，应从季度终了之日起 15 日内向税务机关办理纳税申报并缴纳税款；按次申报纳税的，应从纳税义务发生之日起 15 日内向税务机关办理纳税申报并缴纳税款。

（2）资源税

资源税，是对我国境内从事应税矿产品开采或生产盐的单位和个人征收的一种税。换句话说，在中华人民共和国领域及关系海域开采《中华人民共和国资源税法》规定的矿产品或生产盐的单位和个人均是资源税的纳税人，需按规定按时、足额缴纳资源税。

我国资源税采用比例税率和定额税率两种形式，不同的应税税目对应的税率是不同的，有些税目甚至采用幅度比例税率，具体税率由省级人民政府在规定的税率幅度内提出具体适用税率建议，报财政部、国家税务总局确定核准。

关于资源税的具体应税税目、适用税率标准以及计税依据等，都可参考《中华人民共和国资源税法》的相关规定执行，这里不做详述。

资源税的纳税义务发生时间一般在销售、自用或移送使用的当时，但结算方式不同也会影响纳税义务发生时间，举例如下：

◆ 纳税人销售应税资源品目采取分期收款结算方式的，为销售合同规定的收款日期当天。

◆ 纳税人销售应税资源品目采取预收货款结算方式的，为发出应税产品当天。

◆ 纳税人销售应税资源品目采取其他结算方式的，为收讫销售款或取得索取销售款凭据当天。

◆ 纳税人自产自用应税资源品目的，为移送使用应税产品当天。

◆ 资源税的扣缴义务人扣缴税款的，为支付首笔货款或开具应支付货款凭据当天。

凡缴纳资源税的纳税人都应向应税产品的开采地或盐生产所在地主管税务机关缴纳税款。固定纳税期限有1日、3日、5日、10日、15日或1个月，具体的纳税期限由主管税务机关根据实际情况核定。如果不能按固定纳税期限纳税，可按次计算纳税。以一个月为纳税期的，自期满之日起10日申报纳税；以1日、3日、5日、10日或15日为一个纳税期的，自期满之日起5日内预缴税款，在次月1日起至10日内申报纳税并结清上月税款。

（3）烟叶税

烟叶税，是向收购烟叶的单位征收的一种税，主要征税范围包括晾晒烟叶和烤烟叶，该税种实行20%的比例税率，计税依据为纳税人收购烟叶实际支付的价款总额，包括烟叶收购价款和价外补贴，而价外补贴统一按烟叶收购价款的10%计算。

烟叶税的纳税义务发生时间为纳税人收购烟叶的当天，实务中指纳税人向烟叶销售者付讫收购烟叶款项或开具收购烟叶凭证的当天。

烟叶税按月计征，纳税人应在纳税义务发生月终了之日起15日内向烟叶收购地主管税务机关申报并缴纳税款。

（4）船舶吨税

船舶吨税，是对从中国境外港口进入境内港口的船舶征收的一种税，纳税人为应税船舶的负责人。船舶吨税的税目按照船舶净吨位的大小区分等级来设置税目；而税率则采用定额税率，具体会划分 30 日、90 日和一年三种不同的税率档次，每个档次下还会分普通税率和优惠税率。具体的征税税目和现行税率可参考《中华人民共和国船舶吨税法》的相关规定和附件。

船舶吨税一般以船舶的净吨位为计税依据，结合适用的定额税率即可算出应纳税额。

船舶吨税的纳税义务发生时间为应税船舶进入境内港口的当天。如果应税船舶在吨税执照期满后尚未离开境内港口，应申领新的吨税执照，并从上一执照期满的次日起续缴船舶吨税。

应税船舶负责人应从海关填发吨税缴款凭证之日起 15 日内向海关缴清税款。

如果海关发现少征或漏征税款，应从应税船舶应缴纳税款之日起一年内，补征税款。但如果是因应税船舶违反规定造成少征或漏征税款的，海关可以从应税船舶应缴纳税款之日起三年内追征税款，并从应缴纳税款之日起按日加征少征或漏征税款 0.5‰的税款滞纳金。

如果海关发现多征税款，应在 24 小时内通知应税船舶办理退还手续，并加算银行同期活期存款利息。如果是应税船舶负责人发现多缴税款的，可从缴纳税款之日起三年内以书面形式要求海关退还多缴税款并加算银行同期存款利息，而海关应从受理退税申请之日起 30 日内查实并通知应税船舶办理退还手续。

实务答疑

问： 小税种需要每一个都单独进行纳税申报吗？

答： 很早以前，我国各税种进行纳税申报时，都有单独的纳税申报表，单独进行纳税申报；而近几年某些税种的纳税申报可一起进行，纳税申报表也相应地合并在同一张申报表中。2021年4月12日国家税务总局公告2021年第9号《关于简并税费申报有关事项的公告》又进一步合并了某些税种的纳税申报工作，深入推进税务领域"放管服"改革，优化营商环境，切实减轻纳税人、缴费人申报负担，其主要内容为：①自2021年6月1日起，纳税人申报缴纳城镇土地使用税、房产税、车船税、印花税、耕地占用税、资源税、土地增值税、契税、环境保护税、烟叶税中一个或多个税种时，使用财产和行为税纳税申报表（附件1）。纳税人新增税源或税源变化时，需先填报财产和行为税税源明细表（附件2）。②自2021年5月1日起，海南、陕西、大连和厦门开展增值税、消费税分别与城市维护建设税、教育费附加、地方教育附加申报表整合试点，启用增值税及附加税费申报表（一般纳税人适用）、增值税及附加税费申报表（小规模纳税人适用）、增值税及附加税费预缴表及其附列资料和消费税及附加税费申报表（附件4～附件10）。这里涉及的申报表格式请参考相关公告附件。该公告发布后，纳税人以后申报缴纳这些税种的税费会更加省事，不用再每个税种单独申报纳税。

问：简并税费申报是否必须一次性申报完毕？

答：简并税费申报不强制要求一次性申报全部税种，纳税人可自由选择一次性或分别申报当期税种。

问：各税种纳税期限不一致能合并申报吗？

答：不同纳税期限的财产和行为税各税种、按期申报但纳税期限不同的税种、按期申报与按次申报的税种均可合并申报。

问：合并申报多个税种后只更正申报一个税种怎么办？

答：合并申报支持单税种更正，即纳税人更正申报一个或部分税种，不影响其他已申报税种。

问：简并税费申报后各税种的纳税期限会有变化吗？

答：为了防止纳税人因各税种纳税期限不一致造成漏报，对房产税、城镇土地使用税、印花税、土地增值税、环保税和资源税等按期纳税的，统一调整为按季申报纳税；对按次纳税的，保持不变。纳税期限调整后，按期申报与按次申报的税种可以合并申报。

问：简并税费申报后税源信息如何提供和更正？

答：税源信息是财产和行为税各税种纳税申报和后续管理的基础数据来源，是生成纳税申报表的主要依据，纳税人通过填报税源明细表提供税源信息。纳税申报前，纳税人发现错填、漏填税源信息的，可直接修改已填写的税源明细表；纳税申报后，纳税人发现错填、漏填税源信息的，需要通过更正申报进行调整。

第5章

懂报表的编制和财务分析方法

　　财务管理与会计不同，它不再是单纯的记账工作，而是在一定的整体目标下，关于公司资产的购置（投资）、资本的融通（筹资）、经营中现金流量（营运资金），以及利润分配的管理。财务管理是按照相应的管理原则，组织公司财务活动，处理财务关系的一项经济管理工作，因此，新公司的财务管理人员要懂财务报表的编制和常用的财务分析方法。

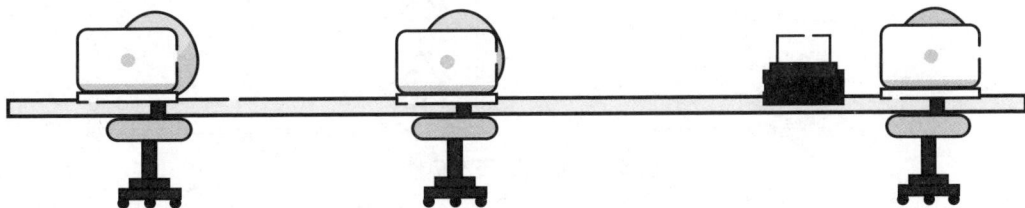

5.1 认识报表结构并了解其用途

财务报表，是反映企业或预算单位一定时期资金、利润状况的会计报表。我国财务报表的种类、格式和编报要求均由统一的会计制度作出规定，要求企业定期编报。财务报表包括资产负债表、利润表、现金流量表、所有者权益变动表等，不要忘了还有附表和报表附注，两者也是财务报表的组成部分。不同的报表用途不同，站在财务管理的角度需要分别明确。

5.1.1 资产负债表可以反映企业财务状况和资产结构

资产负债表，是体现企业在一定日期（通常为各会计期末）的财务状况的主要会计报表，包括资产、负债和所有者权益之间的数量关系，所以也称财务状况表。而且报表中还体现了各种资产和各种负债的结构情况，所以也在一定程度上体现了企业的资产结构。

资产负债表依据“资产 = 负债 + 所有者权益”这一会计恒等式编制，它除了有企业内部除错、指引经营方向和防止弊端等功用外，也可以让所有报表使用者在最短时间内了解企业经营状况。如图 5-1 所示为报告式资产负债表的简化格式。

资产负债表

编制单位：　　　　年　月　日　　　　单位：元

资产	
流动资产	×××
长期投资	×××
固定资产	×××
无形资产	×××
……	
其他资产	×××
资产合计	×××
权益	×××
负债	
流动负债	×××
长期负债	×××
……	
其他负债	×××
负债合计	×××
所有者权益	
实收资本	×××
资本公积	×××
盈余公积	×××
未分配利润	×××
所有者权益合计	×××
权益合计	×××

资产负债表

编制单位：　　　　年　月　日　　　　单位：元

资产	
流动资产	×××
长期投资	×××
固定资产	×××
无形资产	×××
……	
其他资产	×××
资产合计	×××
减：负债	
流动负债	×××
长期负债	×××
……	
其他负债	×××
负债合计	×××
所有者权益	
实收资本	×××
资本公积	×××
盈余公积	×××
未分配利润	×××
所有者权益合计	×××

图 5-1　报告式资产负债表

从图 5-1 中可以看出，报告式资产负债表的资产、负债和股东权益项目自上而下排列，所有资产类项目按一定顺序列示在报表上方，其次为负债，最后为所有者权益（或股东权益）。但在我国使用更多的是账户式资产负债表，其结构样式如图 5-2 所示。

资产负债表

会企 01 表

编制单位：　　　　　　　　　　　　　　　年　月　日　　　　　　　　　　　　　单位：元

资产	期末余额	年初余额	负债和所有者权益（或股东权益）	期末余额	年初余额
流动资产：			流动负债：		
货币资金			短期借款		
交易性金融资产			交易性金融负债		
衍生金融资产			衍生金融负债		
应收票据			应付票据		
应收账款			应付账款		
应收账款融资			预收款项		
预付款项			合同负债		
其他应收款			应付职工薪酬		
存货			应交税费		
合同资产			其他应付款		
持有待售资产			持有待售负债		
一年内到期的非流动资产			一年内到期的非流动负债		
其他流动资产			其他流动负债		
流动资产合计			流动负债合计		
非流动资产：			非流动负债：		
债权投资			长期借款		
其他债权投资			应付债券		
长期应收款			其中：优先股		
长期股权投资			永续债		
其他权益工具投资			租赁负债		
其他非流动金融资产			长期应付款		
投资性房地产			预计负债		
固定资产			递延收益		
在建工程			递延所得税负债		
生产性生物资产			其他非流动负债		
油气资产			非流动负债合计		
使用权资产			负债合计		
无形资产			所有者权益（或股东权益）：		
开发支出			实收资本（或股本）		
商誉			其他权益工具		
长期待摊费用			其中：优先股		
递延所得税资产			永续债		
其他非流动资产			资本公积		
非流动资产合计			减：库存股		
			其他综合收益		
			专项储备		
			盈余公积		
			未分配利润		
			所有者权益（或股东权益）合计		
资产总计			负债和所有者权益（或股东权益）总计		

单位负责人：　　　　　　　　财务主管：　　　　　　　　制表人：

图 5-2　账户式资产负债表

从图 5-2 中可以看到，账户式资产负债表很明显是左右结构，左侧列示企业的资产项目，右侧列示企业的负债和所有者权益项目，并且右上方为负债，右下方为所有者权益（或股东权益）。

资产负债表各项目的"期末余额"栏的填列方法或多或少会有不同，但大致可总结为五种类型，具体见表 5-1。

表 5-1　资产负债表各项目期末余额的五种填列方法

方　　法	代表项目
根据总账科目余额填列	如"短期借款"和"资本公积"等项目，根据"短期借款"或"资本公积"等各总账科目的余额直接填列。但有些项目需根据几个总账科目的期末余额计算填列，如"货币资金"项目需根据"库存现金"、"银行存款"和"其他货币资金"这三个总账科目的期末余额合计数填列
根据明细账科目余额计算填列	如"应付账款"项目需根据"应付账款"和"预付账款"两个科目的相关明细科目的期末贷方余额计算填列；"应收账款"项目需根据"应收账款"科目的期末余额减去"坏账准备"科目中与应收账款相关的坏账准备期末余额后的金额填列等
根据总账科目与明细账科目余额分析计算填列	如"长期借款"项目需根据"长期借款"总账科目余额扣除"长期借款"科目的明细科目中将在一年内到期且企业不能自主地将清偿义务展期的长期借款后的金额计算填列；"其他非流动资产"项目应根据有关科目的期末余额减去将在一年内（含一年）收回数后的金额计算填列等
根据有关科目余额减去其备抵科目余额后的净额填列	如"长期股权投资"项目，应根据"长期股权投资"科目的期末余额减去"长期股权投资减值准备"这一备抵科目的期末余额后的净额填列；"固定资产"项目应根据"固定资产"科目的期末余额减去"累计折旧"和"固定资产减值准备"等备抵科目的期末余额，以及"固定资产清理"科目期末余额后的净额填列等
综合运用上述填列方法分析填列	如"存货"项目需根据"原材料"、"库存商品"、"委托加工物资"、"周转材料"、"材料采购"、"在途物资"、"发出商品"以及"材料成本差异"等总账科目期末余额的分析汇总数，减去"存货跌价准备"科目余额后的净额填列等

在会计电算化下，虽然财会人员不需要手动编制资产负债表，但对各项目的期末余额是如何得来的也应该有所了解。因为资产负债表中的“年初余额”栏或“期初余额”栏的数据直接根据上一年资产负债表的“年末余额”栏或“期末余额”栏填列，当年项目与上一年度的项目核算情况不一致的，应先按照当年的核算规则调整上一年的数据，再誊抄到当年的资产负债表的相应栏次。

5.1.2 利润表可体现企业的盈利成果

利润表，是反映企业在一定会计期间经营成果的财务报表，所以又被称为动态报表，或者损益表、收益表。当今国际上常用的利润表格式有单步式和多步式两种，其中单步式指按照将当期收入总额相加，然后将当期所有费用总额相加，一次计算出当期收益的方式编制出的利润表，其大致结构如图 5-3 所示。

利润表

编制单位：　　　　年　月　日　　　　单位：元

项目	行次	本月数	本年累计数
一、收入			
主营业务收入			
其他业务收入			
投资收益			
营业外收入			
……			
收入合计			
二、费用			
主营业务成本			
其他业务成本			
税金及附加			
销售费用			
管理费用			
财务费用			
营业外支出			
所得税费用			
……			
费用合计			
三、净利润			

图 5-3　单步式利润表

而我国采用的大多是多步式结构，指按照将各种利润分多步计算求得净利润的方式编制出的利润表，如图 5-4 所示。

利润表

会企 02 表

编制单位： 年 月 单位：元

项目	本期金额	上期金额
一、营业收入		
减：营业成本		
税金及附加		
销售费用		
管理费用		
研发费用		
财务费用		
其中：利息费用		
利息收入		
加：其他收益		
投资收益（损失以“-”号填列）		
其中：对联营企业和合营企业的投资收益		
以摊余成本计量的金融资产终止确认收益（损失以“-”填列）		
净敞口套期收益（损失以“-”号填列）		
公允价值变动收益（损失以“-”号填列）		
信用减值损失（损失以“-”号填列）		
资产减值损失（损失以“-”号填列）		
资产处置收益（损失以“-”号填列）		
二、营业利润（亏损以“-”号填列）		
加：营业外收入		
减：营业外支出		
三、利润总额（亏损总额以“-”号填列）		
减：所得税费用		
四、净利润（净亏损以“-”号填列）		
（一）持续经营净利润（净亏损以“-”号填列）		
（二）终止经营净利润（净亏损以“-”号填列）		
五、其他综合收益的税后净额		
（一）不能重分类进损益的其他综合收益		
1. 重新计量设定受益计划变动额		
2. 权益法下不能转损益的其他综合收益		
3. 其他权益工具投资公允价值变动		
4. 企业自身信用风险公允价值变动		
……		
（二）将重分类进损益的其他综合收益		
1. 权益法下可转损益的其他综合收益		
2. 其他债权投资公允价值变动		
3. 金融资产重分类计入其他综合收益的金额		
4. 其他债权投资信用减值准备		
5. 现金流量套期储备		
6. 外币财务报表折算差额		
……		
六、综合收益总额		
七、每股收益：		
（一）基本每股收益		
（二）稀释每股收益		

图 5-4 多步式利润表

利润表各项目的填列通常按照各会计科目的当期发生额分析填列（“基本每股收益”和“稀释每股收益”除外），但有些项目的填列需要根据其他项目的金额计算填列，具体按照利润表的编制步骤进行。

第一步，以营业收入为基础，减去营业成本、税金及附加、销售费用、管理费用、研发费用、财务费用、资产减值损失和信用减值损失，加上投资收益（或减去投资损失）、公允价值变动收益（或减去公允价值变动损失）和资产处置收益（或减去资产处置损失）等其他收益，计算出营业利润，其中"营业收入"项目需根据"主营业务收入"和"其他业务收入"科目的当期发生额分析填列。

第二步，以营业利润为基础，加上营业外收入，减去营业外支出，计算出利润总额。

第三步，以利润总额为基础，减去所得税费用，计算出净利润（或净亏损）。

第四步，以净利润（或净亏损）为基础，计算出每股收益。

第五步，以净利润（或净亏损）和其他综合收益为基础，计算出综合收益总额。

利润表各项目都要填列"本期金额"和"上期金额"栏，而"上期金额"栏内各项数字应根据上年该期利润表的"本期金额"栏内所填列数字填列。

5.1.3　现金流量表用来反映现金流的动向

现金流量表，反映的是在一个固定期间（通常为一个月或一个季度）内企业的现金增减变动情况，也是一张动态报表，该报表主要反映的是资产负债表中各个项目对企业现金流量的影响。

根据现金用途将现金流量表划分为经营、投资和筹资三种活动分类，报表使用者可用现金流量表分析企业在短期内是否有足够的现金应付开销。我国财政部统一的现金流量表格式如图5-5所示。

现金流量表

会企03表

编制单位：　　　　　　　　　　　年　月　　　　　　　　　　　　单位：元

项目	本月金额	本年累计金额
一、经营活动产生的现金流量：		
销售商品、提供劳务收到的现金		
收到的税费返还		
收到其他与经营活动有关的现金		
经营活动现金流入小计		
购买商品、接受劳务支付的现金		
支付给职工以及为职工支付的现金		
支付的各项税费		
支付其他与经营活动有关的现金		
经营活动现金流出小计		
经营活动产生的现金流量净额		
二、投资活动产生的现金流量：		
收回投资收到的现金		
取得投资收益收到的现金		
处置固定资产、无形资产和其他长期资产收回的现金净额		
处置子公司及其他营业单位收到的现金净额		
收到其他与投资活动有关的现金		
投资活动现金流入小计		
购建固定资产、无形资产和其他长期资产支付的现金		
投资支付的现金		
取得子公司及其他营业单位支付的现金净额		
支付其他与投资活动有关的现金		
投资活动现金流出小计		
投资活动产生的现金流量净额		
三、筹资活动产生的现金流量：		
吸收投资收到的现金		
取得借款收到的现金		
收到其他与筹资活动有关的现金		
筹资活动现金流入小计		
偿还债务支付的现金		
分配股利、利润或偿付利息支付的现金		
支付其他与筹资活动有关的现金		
筹资活动现金流出小计		
筹资活动产生的现金流量净额		
四、汇率变动对现金及现金等价物的影响		
五、现金及现金等价物净增加额		
加：期初现金及现金等价物余额		
六、期末现金及现金等价物余额		

单位负责人：　　　　　　　　财务主管：　　　　　　　　制表人：

图 5-5　现金流量表

现金流量表的编制非常复杂，操作起来也需要很强的专业技能，这里只简单介绍两种常用的方法及编制步骤。

（1）工作底稿法

工作底稿法，是指以工作底稿为手段，以利润表和资产负债表数据为基础，对每一项目进行分析并编制调整分录，从而编制出现金流量表。

将整个工作底稿纵向分为三段，第一段为资产负债表项目，分为借方项目和贷方项目两部分；第二段是利润表项目；第三段是现金流量表项目。工作底稿横向分为5栏，第一栏填列资产负债表、利润表和现金流量表的各项目名称，第二栏填列资产负债表各项目期初数，第三栏是调整分录的借方，第四栏是调整分录的贷方，第五栏填列资产负债表各项目期末数或利润表本期数。

实际编制时，首先将资产负债表的期初数和期末数过入工作底稿的期初数栏和期末数栏；其次根据当期业务进行分析并编制调整分录；再次将调整分录过入工作底稿中的相应部分；然后核对调整分录的借贷合计并保证相等，资产负债表项目期初数在加减调整分录中的借贷金额后应等于期末数；最后根据工作底稿中的现金流量表项目部分编制正式的现金流量表。

（2）T型账户法

T型账户法是指以T型账户为手段，以利润表和资产负债表数据为基础，对每一项目进行分析并编制出调整分录，从而编制出现金流量表。

实际编制时，首先为所有的非现金项目（包括资产负债表项目和利润表项目）分别开设T型账户，并将各自的期末、期初变动数过入各自的T型账户中；其次开设一个大的"现金及现金等价物"T型账户，每边分为经营活动、投资活动和筹资活动3个部分，左边记现金流入，右边记现金流出，与其他账户一样，将该大T型账户过入期末、期初变动数；再次以利润表项目为基础，结合资产负债表分析每一个非现金项目的增减变动，并据此编制调整分录；然后将调整分录过入各T型账户中并核对，该账户的借贷相抵后的余额与原来过入的期末、期初变动数应一致；最后根据大的"现金及现金等价物"T型账户编制正式的现金流量表。

关于现金流量表的编制规定和细则，可参考《国际财务报告准则第7号》公报的相关规定。

5.1.4 反映权益变动的所有者权益变动表

所有者权益变动表，是反映企业当期内至截至期末所有者权益变动情况的报表。由于资产负债表的右下方也记录了企业所有者权益的大致情况，所以很多时候又将专门反映企业所有者权益变动情况的所有者权益变动表作为资产负债表附表。

在编制所有者权益变动表时，企业应单独列示反映三大类信息：所有者权益总量的增减变动、所有者权益增减变动的重要结构性信息，以及直接计入所有者权益的利得和损失。如图 5-6 所示的是我国企业使用的所有者权益变动表格式。

所有者权益变动表

会企04表

编制单位： 年度 金额单位：元

项目	本年金额											上年金额										
	实收资本（或股本）	其他权益工具			资本公积	减：库存股	其他综合收益	专项储备	盈余公积	未分配利润	所有者权益合计	实收资本（或股本）	其他权益工具			资本公积	减：库存股	其他综合收益	专项储备	盈余公积	未分配利润	所有者权益合计
		优先股	永续债	其他									优先股	永续债	其他							
一、上年年末余额																						
加：会计政策变更																						
前期差错更正																						
其他																						
二、本年年初余额																						
三、本期增减变动金额（减少以“-”号填列）																						
（一）综合收益总额																						
（二）所有者投入和减少资本																						
1. 所有者投入的普通股																						
2. 其他权益工具持有者投入资本																						
3. 股份支付计入所有者权益的金额																						
4. 其他																						
（三）利润分配																						
1. 提取盈余公积																						
2. 对所有者（或股东）的分配																						
3. 其他																						
（四）所有者权益内部结转																						
1. 资本公积转增资本（或股本）																						
2. 盈余公积转增资本（或股本）																						
3. 盈余公积弥补亏损																						
4. 设定受益计划变动额结转留存收益																						
5. 其他综合收益结转留存收益																						
6. 其他																						
四、本年年末余额																						

图 5-6 所有者权益变动表

从上述报表格式可以看出，所有者权益变动表各项目均需填列“本年金额”和“上年金额”栏，其中“上年金额”栏内各项数字应根据企业上年度所有者权益变动表“本年金额”栏内所列数字填列，上年度所有者权益变动表规定的各项目的名称和内容与本年度不一致的，应对上年度所有者权益变动表各项目的名称和数字按照本年度的规定进行调整，填入所有者权益变动表的“上年金额”栏内。

从纵向来看，所有者权益变动表"本年金额"栏内的各项数字通常根据"实收资本（或股本）""资本公积""盈余公积""利润分配""库存股""以前年度损益调整"等科目的发生额分析填列。而关于该报表中部分项目的列报说明见表5-2。

表 5-2　所有者权益变动表中部分项目的列报说明

项　目	细分项目	列报说明
上年年末余额	—	反映企业上年资产负债表中实收资本（或股本）、资本公积、盈余公积和未分配利润的年末余额
会计政策变更	—	指企业因当期采用会计政策发生变更而需要调整的各项目数据，如外币折算的现行汇率法与其他方法之间的变更引起的数据调整
前期差错更正	—	反映企业因计算错误、应用会计政策错误、疏忽或曲解事实以及舞弊等需要更正的差错数据
本年增减变动额	净利润	反映企业当年实现的净利润或净亏损金额，需对应列在"未分配利润"栏
	其他综合收益	反映企业当年直接计入所有者权益的利得和损失金额
	所有者投入和减少资本	反映企业接受投资者投入形成的实收资本（或股本）和资本（或股本）溢价，需对应列在"实收资本"和"资本公积"栏
	利润分配	反映企业当年对所有者（或股东）分配的利润（或股利）金额和按照规定提取的盈余公积金额，需对应列在"未分配利润"和"盈余公积"栏，其中："提取盈余公积"项目，反映企业按照规定提取的盈余公积；"对所有者（或股东）的分配"项目，反映对所有者（或股东）分配的利润（或股利）金额
	所有者权益内部结转	反映不影响当年所有者权益总额的所有者权益各组成部分之间当年的增减变动，包括资本公积转增资本（或股本）、盈余公积转增资本（或股本）以及盈余公积弥补亏损等金额，其中："资本公积转增资本（或股本）"项目，反映企业以资本公积转增资本或股本的金额；"盈余公积转增资本（或股本）"项目，反映企业以盈余公积转增资本或股本的金额；"盈余公积弥补亏损"项目，反映企业以盈余公积弥补亏损的金额

📎 知识贴士 财务报表附注

　　财务报表附注是对资产负债表、利润表、现金流量表和所有者权益变动表等报表中列示项目的文字描述或明细资料，以及对未能在这些报表中列示项目的说明等，它是财务会计报告体系的重要组成部分，是对财务报表的补充说明，旨在帮助财务报表使用者深入了解基本财务报表的内容。财务报表附注的内容主要包括：①企业采用的主要会计处理方法；②会计处理方法的变更情况、变更原因以及对财务状况和经营业绩的影响；③发生的非经常性项目；④一些重要报表项目的明显情况；⑤或有事项；⑥期后事项；⑦其他对理解和分析财务报表有帮助的重要信息。

5.2　了解各种财务分析指标

　　新公司的财务管理工作不仅涉及财务报表的编制和管理，更重要的是能够通过财务报表提取财务数据，结合相关财务指标，分析企业的经营情况。本节分别从企业的偿债能力指标、盈利能力指标、营运能力指标和发展能力指标进行相关介绍。

5.2.1　反映偿债能力的财务指标

　　偿债能力，是指企业用其资产偿还债务的能力，它是反映企业财务状况和经营能力的重要标志。由于企业债务有短期和长期之分，因此偿债能力也相应地划分为短期偿债能力和长期偿债能力，涉及的相关财务指标如下：

　　（1）短期偿债能力

　　短期偿债能力，是指企业偿付流动负债的能力，实务中常用来评价该能力的财务指标有流动比率、速动比率、现金比率和现金流量比率等。这些指标的含义可直接通过计算公式来理解，判断标准见表5-3。

表 5-3　短期偿债能力的判断标准

指标	计算公式	判断标准
流动比率	流动资产 ÷ 流动负债	比率越高，说明企业偿还流动负债的能力越强，流动负债得到偿还的保障越大；反之，偿还流动负债的能力越弱。国际公认的流动比率在2左右。流动比率在运用过程中存在明显缺点，即流动比率较高并不代表流动资产的流动性好，因为流动资产中还包括存货，如果流动比率是由大量的存货拉高，则也不能说明企业的短期偿债能力强
速动比率	速动资产 ÷ 流动负债 ＝（流动资产 － 存货）÷ 流动负债	速动比率规避了存货占比高而拉高流动比率的问题。速动比率越高，说明企业短期偿债能力越强；反之，短期偿债能力越弱。国际公认速动比率在1左右比较合适
现金比率	（现金 ＋ 现金等价物）÷流动负债	该比率反映企业的直接偿付能力，因为现金是企业偿还债务的最终手段，如果现金缺乏，就可能发生支付困难。所以现金比率越高，说明企业有较好的支付能力，对偿还债务有越好的保障；反之，支付能力越弱，偿还债务的保障较差。该比率没有明确的标准，实务中结合同行业同期水平或本企业前后期水平分析
现金流量比率	经营活动产生的现金流量净额 ÷ 流动负债	反映企业当期经营活动产生的现金流量净额偿付流动负债的能力，比率越高，说明企业短期偿债能力越强；反之，短期偿债能力越弱

　　流动比率、速动比率和现金比率都是反映企业短期偿债能力的静态指标，揭示的是企业现存资源对偿还到期债务的保障程度；而现金流量比率是从动态角度反映企业的短期偿债能力，因为企业当期经营活动产生的现金流量净额本身具有动态变化的过程。

（2）长期偿债能力

长期偿债能力，是指企业偿还长期负债的能力，常用来评价该能力的财务指标有资产负债率、股东权益比率、权益乘数、产权比率、利息保障倍数等。这些指标的含义同样可以通过计算公式理解，各自的判断标准见表5-4。

表5-4　长期偿债能力各项指标的判断标准

指　　标	计算公式	判断标准
资产负债率	负债总额÷资产总额×100%	也称负债比率或举债经营比率，反映企业资产总额中有多大比例的资产是通过举债得到的。比率越高，说明企业偿还债务的综合能力较弱，财务风险越大；反之，偿还债务的综合能力越强，财务风险越小。一般认为资产负债率在50%左右比较合适
股东权益比率	股东权益总额÷资产总额×100%	反映资产总额中有多大比例的资产是投资者投入的，股东权益比率与资产负债率之和为1。股东权益比率越高，资产负债率就越低，企业的财务风险越小，偿还长期债务的能力越强；反之，偿还长期债务的能力越弱
权益乘数	资产总额÷股东权益总额	权益乘数与股东权益比率互为倒数，直观反映企业的资产总额是股东权益总额的多少倍，该乘数反映了企业财务杠杆的大小，乘数越大，说明股东投入的资本在资产总额中所占比重越小，财务杠杆越大，负债越多，长期偿债能力越弱；反之，财务杠杆越小，长期偿债能力越强
产权比率	负债总额÷股东权益总额×100%	该比率反映了债权人提供资金与股东提供资金的对比关系，可以揭示企业的财务风险和股东权益对债务的保障程度。比率越低，说明企业长期财务状况越好，对债权人来说越有保障，企业财务风险越小，长期偿债能力越强；反之，财务风险越大，长期偿债能力越弱

续表

指　　标	计算公式	判断标准
利息保障倍数	（税前利润＋利息费用）÷利息费用＝息税前利润÷利息费用	税前利润指缴纳企业所得税之前的利润总额，利息费用则包括财务费用中的利息费用和计入固定资产成本的资本化利息，该指标反映了企业的经营所得支付债务利息的能力。倍数越大，说明企业经营所得难以保证按时按量支付债务利息，长期偿债能力越弱；反之，长期偿债能力越强

实务案例 分析判断甲公司的偿债能力

甲公司财会人员于 2022 年 12 月 31 日按规定编制了各财务报表，从中提取出与公司偿债能力有关的指标见表 5-5。

表 5-5　甲公司与偿债能力有关的指标

单位：万元

报表项目	年末余额／当年发生额	报表项目	年末余额／当年发生额
流动资产合计	2 000.00	流动负债合计	1 100.00
存货	700.00	负债合计	2 100.00
资产总计	4 600.00	股东权益合计	2 500.00
经营活动产生的现金流量净额	1 420.00	现金及现金等价物	580.00
利润总额	1 900.00	利息费用	350.00

由表中数据可计算出如下指标的结果（此处结果保留两位小数）：

流动比率 =2 000.00÷1 100.00=1.82

速动比率 =（2 000.00−700.00）÷1 100.00=1.18

现金比率 =580.00÷1 100.00=0.53

现金流量比率 =1 420.00÷1 100.00=1.29

资产负债率 =2 100.00÷4 600.00×100%=45.65%

股东权益比率 =2 500.00÷4 600.00×100%=54.35%

权益乘数 =4 600.00÷2 500.00=1.84

产权比率 =2 100.00÷2 500.00×100%=84%

利息保障倍数 =（1 900.00+350.00）÷350.00=6.43

根据案例中的计算结果，结合相关指标的判断标准可知，甲公司无论是短期偿债能力还是长期偿债能力，都是比较合适的。

而且根据流动比率与速动比率来看，都表示公司的短期偿债能力较强，间接说明企业的存货对流动比率的影响不大。股东权益比率与资产负债率都表明公司的负债没有占到总资产的一半，所以股东投入资本对债权人的贷款保障良好，财务风险较小，同时权益乘数接近 2，说明公司的财务杠杆较小，财务风险较小。

5.2.2　衡量盈利能力的财务指标

盈利能力，是指企业获取利润的能力，也是企业资金或资本增值的能力，通常表现为一定时期内企业收益数额的多少和高低水平。衡量盈利能力的财务指标常见的有资产报酬率、股东权益报酬率、销售毛利率、销售净利率和成本费用净利率等，这些指标的计算公式与判断标准见表 5-6。

表 5-6　衡量企业盈利能力的各项指标的计算公式与判断标准

指　　标	计算公式	判断标准
资产报酬率	资产息税前利润率 = 息税前利润÷资产平均总额×100%；资产利润率 = 利润总额÷资产平均总额×100%；资产净利率 = 净利润÷资产平均总额×100%	这 3 个计算公式代表的是企业不同获利阶段的资产报酬率，无论是哪个报酬率，比率越高，说明企业盈利能力越强；反之，企业盈利能力越弱。实务中企业可将这 3 个报酬率的各期比率分别进行对比，看各个报酬率是否有所增长，以此评价企业的经营效率高低，发现企业管理存在的问题

续表

指　标	计算公式	判断标准
股东权益报酬率	净利润÷股东权益平均总额×100%	该报酬率也称净资产收益率或所有者权益报酬率，可以反映企业股东获取投资报酬的高低水平。比率越高，说明企业的盈利能力越强，投资者可获取投资报酬的水平越高；反之，企业盈利能力越弱，投资者可获取投资报酬的水平越低
销售毛利率	销售毛利÷营业收入×100%=（营业收入－营业成本）÷营业收入×100%	销售毛利率反映了企业营业成本与营业收入之间的比例关系，毛利率越大，说明在营业收入中营业成本占比越小，企业通过销售获取利润的能力越强；反之，营业成本占营业收入的比例越大，通过销售获取利润的能力越弱
销售净利率	净利润÷营业收入×100%	销售净利率反映了企业净利润占营业收入的比例，更直观地评价企业通过销售获取利润的能力。净利率越大，说明企业通过销售获取最终报酬的能力越强；反之，获取最终报酬的能力越弱
成本费用净利率	净利润÷成本费用总额×100%	该净利率反映企业生产经营过程中发生的耗费与获取的报酬之间的关系，也体现出企业为了取得一定的利润所需付出的代价。成本费用净利率越高，说明企业为了获取一定的报酬所需付出的代价越小，盈利能力越强；反之，为了获取一定的报酬所需付出的代价越大，盈利能力越弱

知识贴士 **资产平均总额和股东权益平均总额的核算**

　　资产平均总额即企业当期期初资产总额与期末资产总额之和除以2；同理，股东权益平均总额是企业当期期初股东权益总额与期末股东权益总额之和除以2。后面小节介绍企业的营运能力时可能涉及应收账款平均余额、存货平均余额、流动资产平均余额、固定资产平均余额等，都分别用各自的当期期初余额加上期末余额后除以2计算得出。

📌 **实务案例** 分析衡量甲公司的盈利能力

甲公司财务管理人员在对本公司的盈利能力进行分析衡量时,从2022年财务报表中提取的数据见表5-7。

表5-7　甲公司2022年财务报表提取的数据

单位:万元

报表项目	年初余额	年末余额	当年发生额
资产总计	3 900.00	4 600.00	—
股东权益合计	2 000.00	2 500.00	—
利润总额	—	—	1 900.00
息税前利润	—	—	2 250.00
净利润	—	—	1 360.00
营业收入	—	—	9 400.00
营业成本	—	—	4 280.00
成本费用总额	—	—	7 980.00

由表中数据可计算出如下指标的结果（此处结果保留两位小数）:

资产息税前利润率 =2 250.00÷[（3 900.00+4 600.00）÷2]×100%=52.94%

资产利润率 =1 900.00÷[（3 900.00+4 600.00）÷2]×100%=44.71%

资产净利率 =1 360.00÷[（3 900.00+4 600.00）÷2]×100%=32%

股东权益报酬率 =1 360.00÷[（2 000.00+2 500.00）÷2]×100%=60.44%

销售毛利率 =（9 400.00−4 280.00）÷9 400.00×100%=54.47%

销售净利率 =1 360.00÷9 400.00×100%=14.47%

成本费用净利率 =1 360.00÷7 980.000×100%=17.04%

从上述计算结果可知,该公司拥有的每1元价值的资产可以获取52.94元息税前利润、44.71元税前利润或32元的净利润,与同行业平均水平相比属于较好的盈利情况,说明公司的盈利能力较好。投资者每投入100.00元可获取 60.44 元的净利润，超过 50%，投资者投资收益水平较高。公司每发生 100.00 元的营业收入，就可以有 54.47 元的毛利或 14.47 元的净利润，与同行业平均水平比较，属于收益良好，具备较好的盈利能力。

除了前述提及的这些盈利能力指标外，对于上市公司来说，其能够运用的盈利能力指标还有每股利润、每股现金流量、每股股利、股利支付率、每股净资产、市盈率和市净率等。由于本书针对的是一般公司的情况，所以这里不对这些指标作详细介绍。

5.2.3 评判营运能力的财务指标

营运能力，是指企业营运资产的效率和效益，而企业营运资产的效率主要通过资产的周转率或周转速度来体现，所以评判企业营运能力的常见财务指标有应收账款周转率、存货周转率、流动资产周转率、固定资产周转率和总资产周转率等，这些指标的计算公式和判断标准见表 5-8。

表 5-8 评判企业营运能力的财务指标的计算公式和判断标准

指 标	计算公式	判断标准
应收账款周转率	赊销收入净额 ÷ 应收账款平均余额	赊销收入净额指销售收入净额扣除现销收入后的余额。周转率越高，说明企业回收应收账款的效率越高，但也反映了企业信用政策可能比较严格，这样会限制企业销售量的扩大，影响盈利水平，此时往往伴随着存货周转率偏低；反之，企业回收应收账款的效率越低，同时反映了企业信用政策可能过于宽松，这样会导致应收账款占用资金数量过多，影响资金利用率
存货周转率	销售成本 ÷ 存货平均余额	该周转率主要反映企业存货的变现速度，衡量企业销售能力和存货是否过量。周转率越高，说明存货周转速度越快，企业销售能力越强；反之，说明存货周转速度越慢，企业销售能力越弱，库存管理不力，存货积压，应采取积极的销售策略。但具有很强季节性的企业不适用

续表

指　　标	计算公式	判断标准
流动资产周转率	销售收入÷流动资产平均余额	流动资产周转率表明在一个会计年度内企业流动资产的周转次数，反映流动资产周转速度。周转率越高，说明企业流动资产的利用效率越高；反之，利用效率越低
固定资产周转率	销售收入÷固定资产平均净值或余额	固定资产周转率越高，说明企业固定资产的利用率越高，管理水平越高；反之，利用率越低，管理水平越低，从而会影响企业的盈利能力
总资产周转率	销售收入÷资产平均总额	总资产周转率越高，说明企业利用其资产进行经营的效率越高；反之，企业利用其资产进行经营的效率越低，从而会影响企业的盈利能力，此时就需要采取措施提高销售收入或处置资产，以提高总资产利用率

实务中，在对企业的营运能力进行分析时，需要结合各个财务指标综合判断，注意不能被忽视的因素或是行业特点。

实务案例 分析评判甲公司的营运能力

甲公司财务管理人员在对本公司的营运能力进行分析评判时，从2022年财务报表中提取的数据见表5-9。

表5-9　甲公司2022年财务报表提取的数据

单位：万元

报表项目	年初余额	年末余额	当年发生额
应收账款	700.00	750.00	——
存货	600.00	700.00	——
流动资产	1 700.00	2 000.00	——
固定资产	1 800.00	2 200.00	——
资产总计	3 900.00	4 600.00	——

报表项目	年初余额	年末余额	当年发生额
营业收入	—	—	9 400.00
营业成本	—	—	4 280.00

由表中数据可计算出如下指标的结果：（假设所有营业收入都是赊销收入，结果保留两位小数）

应收账款周转率 =9 400.00÷[（700.00+750.00）÷2]=12.97（次）

存货周转率 =4 280.00÷[（600.00+700.00）÷2]=6.58（次）

流动资产周转率 =9 400.00÷[（1 700.00+2 000.00）÷2]=5.08（次）

固定资产周转率 =9 400.00÷[（1 800.00+2 200.00）÷2]=4.70（次）

总资产周转率 =9 400.00÷[（3 900.00+4 600.00）÷2]=2.21（次）

从计算结果可知，甲公司 2022 年应收账款周转近 13 次，保证每月周转一次；存货周转大概为 6 次，平均两个月周转一次；流动资产周转 5 次，需两个多月才能周转一次；固定资产周转近 5 次，几乎要 3 个月才周转一次；总资产周转大概两次，平均半年周转一次。如果该公司属于生产性企业，则其存货的周转速度明显较慢，但其他资产的周转速度适中，营运能力良好，但公司销售能力有待提高，否则容易影响公司的盈利水平。如果该公司属于房地产企业，则这些计算结果可表明回款速度较快，公司的资产利用效率较高。

5.2.4 反映发展能力的财务指标

发展能力，是指企业扩大规模、壮大实力的潜在能力，也是经营过程中增长能力的表现，该能力主要通过一些增长率来反映，常见的财务指标有销售增长率、资产增长率、股权资本增长率和利润增长率等，这些财务指标的计算公式和判断标准见表 5-10。

表 5-10　反映企业发展能力的财务指标的计算公式和判断标准

指　　标	计算公式	判断标准
销售增长率	本年营业收入增长额 ÷ 上年营业收入总额 ×100%	反映企业营业收入的变化情况，是评价企业成长性和市场竞争力的重要指标。比率大于 0，说明企业当年营业收入增加了；反之，营业收入减少了。比率越高，说明企业营业收入的成长性越好，企业发展能力越强
资产增长率	本年总资产增长额 ÷ 年初资产总额 ×100%	反映了企业当年资产规模的扩张情况。比率大于 0，说明企业当年的资产规模在变大；反之，资产规模在缩小。比率越高，说明企业资产规模增长速度越快，竞争力在增强
股权资本增长率	本年股东权益增长额 ÷ 年初股东权益总额 ×100%	反映企业当年的股东权益变化情况，体现企业资本的积累能力，是评价企业发展潜力的重要财务指标。比率大于 0，说明企业资本在不断积累；反之，企业资本在萎缩。比率越高，说明企业资本积累能力越强，发展能力越好
利润增长率	本年利润总额增长额 ÷ 上年利润总额 ×100%	反映企业利润的变化情况，比率大于 0，说明企业当期的利润总额增加了；反之，当期利润总额减少了。比率越高，说明企业盈利越强，成长性越好，发展能力也越强

实务案例 分析评判甲公司的发展能力

甲公司财务管理人员在对本公司的发展能力进行分析评判时，从 2022 年财务报表中提取的数据见表 5-11。

表 5-11　甲公司 2022 年财务报表提取的数据

单位：万元

报表项目	年初余额 /2021 年末	年末余额 /2022 年末	2022 年增长额
资产总计	3 900.00	4 600.00	700.00
股东权益合计	2 000.00	2 500.00	500.00
营业收入	8 200.00	9 400.00	1 200.00
利润总额	1 720.00	1 900.00	180.00

由表中数据可计算出如下指标的结果（此处结果保留两位小数）：

销售增长率 =1 200.00÷8 200.00×100%=14.63%

资产增长率 =700.00÷3 900.00×100%=17.95%

股权资本增长率 =500.00÷2 000.00×100%=25%

利润增长率 =180.00÷1 720.00×100%=10.47%

从计算结果可知，甲公司 2022 年的总资产、股东权益、营业收入以及利润总额等都呈现增长的态势，且增长率不低，说明公司的发展能力较好，尤其是资产增长率和股权资本增长率均在 20% 左右，说明公司规模的扩张速度比较快，竞争力较强。

5.3 了解常用的财务分析方法及作用

财务分析方法，是指经济业务活动完成后对经济业务活动的经济性作出分析判断，使下一轮经济业务活动达到更经济合理的要求的一种技术方法。不同的分析目标，需要用到的财务分析方法不同，本节主要介绍两种比较常见且经典的分析方法，即杜邦分析法和沃尔比重法。

5.3.1 杜邦分析法用来评价企业各项能力

杜邦分析法是一种用来评价公司盈利能力和股东权益回报水平，从财务角度评价企业绩效的一种经典方法，主要是利用几种主要的财务比率之间的关系来综合分析企业的财务状况，基本思想是将企业净资产收益率逐级分解为多项财务比率乘积。

杜邦分析法下的杜邦模型最明显的特点是将若干个用来评价企业经营效率和财务状况的比率按其内在联系有机地结合起来，形成一个完整的指标体系，并最终通过权益收益率来综合反映，该模型如图 5-7 所示。

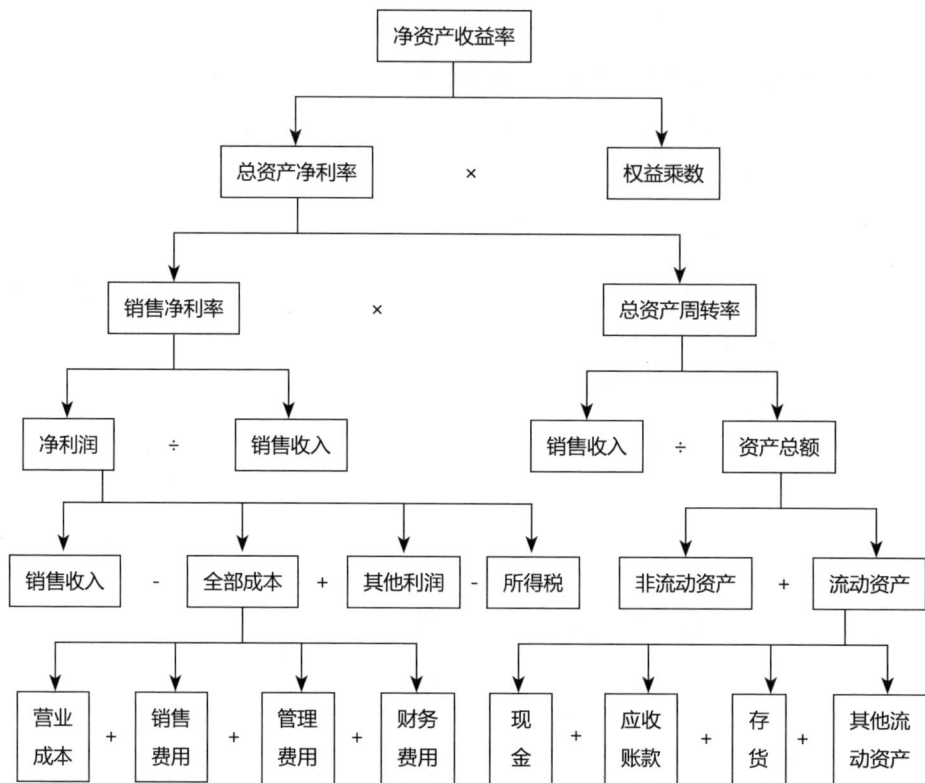

图 5-7　杜邦分析法——杜邦模型

　　上图所示的这些项目和财务指标在前面的小节中基本已经介绍过，这里不再作详解，也不再另外通过案例来解析，直接将本章 5.2 节的全部内容整合起来综合分析即可。

　　结合该杜邦模型，考察某公司近几年或最近两年各项目和财务指标的数据变化情况，以此来判断哪个或哪些项目对净资产收益率产生明显的影响，或者对总资产净利率、权益乘数、销售净利率和总资产周转率等产生明显的影响，从而帮助企业经营者作出更恰当的经营决策，促进企业稳定、快速发展。

　　比如某公司 2022 年的净资产收益率为 18.85%，总资产净利率为 12.32%，权益乘数为 1.53；2022 年的净资产收益率为 24.82%，总资产净利率为 16.22%，权益乘数为 1.53。由此可以看出，该公司 2022 年的净资产收益率低于 2023 年的净资产收益率，而这两年公司的权益乘数没有变化，只是总资产净利率上升了，说明对公司净资产收益率产生较大影响的是总资产净利率，以此类推，层层分解下去，就可以知道哪些项目对企业的经营业绩有影响。

5.3.2 沃尔比重法评判企业自身信用水平

沃尔比重法也称沃尔比重评分法，与杜邦分析法都属于财务综合分析方法，它是指将选定的财务比率用线性关系结合起来，并分别给定各自的分数比重，然后通过与标准比率进行比较，确定各项指标的得分和总体指标的累计分数，从而对企业的信用水平作出评价的方法。

沃尔比重评分法涉及的计算公式以及原理如下：

$$实际分数 = 实际值 \div 标准值 \times 权重$$

当实际值 > 标准值为理想时，用此公式计算的结果正确；当实际值 < 标准值为理想时，实际值越小，得分应越高，用此公式计算的结果恰恰相反。注意，如果某一单项指标的实际值畸高，则会导致最后总分大幅升高，掩盖情况不良的指标，从而给管理者造成一种假象。

一般来说，沃尔比重评分法的操作步骤分五步，具体如下：

第一步，选择评价指标并分配各指标的权重。

在选择指标时，通常按照 3 种能力选取，如偿债能力指标"流动比率"和"股东权益比率"；营运能力指标"应收账款周转率"和"存货周转率"；盈利能力指标"资产净利率""销售净利率"和"净资产报酬率"；发展能力指标"销售增长率""资产增长率"和"净利润增长率"。

各种财务指标的评分值之和为100，且通常将偿债能力指标和营运能力指标合为一类，这样盈利能力、偿债能力和营运能力、发展能力的评分值比重约为5:3:2，其中盈利能力的资产净利率:销售净利率:净资产报酬率≈2:2:1，而偿债能力和营运能力指标以及发展能力指标中的各项指标的具体重要性大致相当。

第二步，根据各项评价指标的重要程度，确定各自的标准评分值。

第三步，确定各项评价指标的标准值。

第四步，对各项评价指标计分，并计算综合得分。

第五步，形成评价结果。

下面在本章前述案例的基础上，运用沃尔比重分析法对甲公司的信用水平作出评价。

实务案例 分析评判甲公司的信用水平

甲公司财务管理人员在对本公司进行信用水平分析评判时，通过提取财务数据并计算相关指标值，整理出的评分见表5-12。

表5-12 运用沃尔比重分析法分析评判甲公司的信用水平

财务指标	评分值①	标准值②	实际值③	相对关系 ④=③÷②	实际分数 ⑤=①×④
流动比率	7.50	1.80	1.82	1.01	7.575
股东权益比率	7.50	48.5%	54.35%	1.12	8.40
应收账款周转率	7.50	12	12.97	1.08	8.10
存货周转率	7.50	12	6.58	0.55	4.125
资产净利率	20	25%	32%	1.28	25.60
销售净利率	20	12.8%	14.47%	1.13	22.60
净资产报酬率	10	51.8%	60.44%	1.17	11.70

续表

财务指标	评分值①	标准值②	实际值③	相对关系 ④＝③÷②	实际分数 ⑤＝①×④
销售增长率	7	13.5%	14.63%	1.08	7.56
资产增长率	6	16%	17.95%	1.12	6.72
净利润增长率	7	7.8%	8.33%	1.07	7.49
合计	100	—	—	—	109.87

依据"各种财务指标的评分值之和为100"和"盈利能力、偿债能力和营运能力、发展能力的评分值比重约为5∶3∶2",得出盈利能力、偿债能力和营运能力、发展能力的评分值之和分别为50、30和20,即资产净利率、销售净利率和净资产报酬率的评分值之和为50,流动比率、股东权益比率、应收账款周转率和存货周转率的评分值之和为30,销售增长率、资产增长率和净利润增长率的评分值之和为20。

再依据"资产净利率∶销售净利率∶净资产报酬率≈2∶2∶1"和"偿债能力和营运能力指标以及发展能力指标中的各项指标的具体重要性大致相当",得出资产净利率的评分值为20(50÷5×2),销售净利率的评分值为20(50÷5×2),净资产报酬率的评分值为10,流动比率、股东权益比率、应收账款周转率和存货周转率的评分值均为7.50(30÷4),假定销售增长率、资产增长率和净利润增长率的评分值分别为7、6和7。

结合本章前述财务指标结果,完成表格数据的填列(其中净利润增长率已知为8.33%)。

通过表中计算结果可知,甲公司2022年的沃尔比重评分为109.87,该例运用计算公式"实际分数＝实际值÷标准值×权重",因此实际值＞标准值为理想,符合的有流动比率、股东权益比率、应收账款周转率、资产净利率、销售净利率、净资产报酬率、销售增长率、资产增长率和净利润增长率;而存货周转率是标准值＞实际值,所以不是理想的,因此与其评分值7.50相比,实际分数4.125偏低,但因为最终得分总数为109.87,超过100,说明甲公司的信用水平较好,实务中还需结合其他因素综合考量。

✎ **实务答疑**

问：什么时候进行年报公示？

答： 各市场主体应在每年 1 月 1 日至 6 月 30 日报送上一年度年报。

问：已进行联络员备案的企业如何办理联络员信息变更？

答： 主要有三种办理方式，一是登录当地的国家企业信用信息公示系统，进入"工商联络员登录"页面后，点击"申请表下载"下载备案申请表，或在当地工商门户网站的"网上办事"模块下载公司登记（备案）申请表 / 分公司登记申请表，同时准备好其他有关资料，到登记机关政务中心窗口办理；二是登录当地的国家企业信用信息公示系统，进入"工商联络员登录"页面后，点击"联络员变更"，再点击"变更申请"按钮，网上填写备案申请表并打印，经法定代表人签字、加盖公章后到登记机关政务中心窗口审核；三是如果联络员备案手机号能成功接收短信验证码，可在当地的国家企业信用信息公示系统中点击"联络员变更"，点击"简易变更"按钮即可自行修改。

问：财务指标值出现矛盾怎么办？

答： 若流动比率很高，说明企业的短期偿债能力较强，但同时速动比率却很低，又说明企业的短期偿债能力较弱，此时就是财务指标值出现矛盾，这种情况下，就需要考虑影响指标值大小的各个因素，比如出现流动比率很高而速动比率很低的情况时，一般是企业的存货数量较大，计算流动比率时，存货包含在流动资产中，所以会使流动比率较高。而在计算速动比率时，需要剔除存货，用速动资产与流动负债计算速动比率，将大部分的存货剔除后，速动资产明显偏小，相应地就会导致速动比率较低。这样也就能找出企业存在存货过多的问题，从而分析存货是否出现积压、滞销等问题，为企业下一步的销售计划与策略提供依据。

第6章

掌握现金流情况做好现金管理

现金是企业经营管理过程中流动性最强的一类资产，狭义来说是指库存现金，但广义来讲是货币资金。现金的使用会使企业产生现金流，通俗地讲，现金流量就是企业在生产经营过程中发生的现金流出和现金流入的全部资金收付数量。由于现金使用情况关系着企业的偿债能力（如现金比率、现金流量比率），所以公司必须做好现金管理工作。

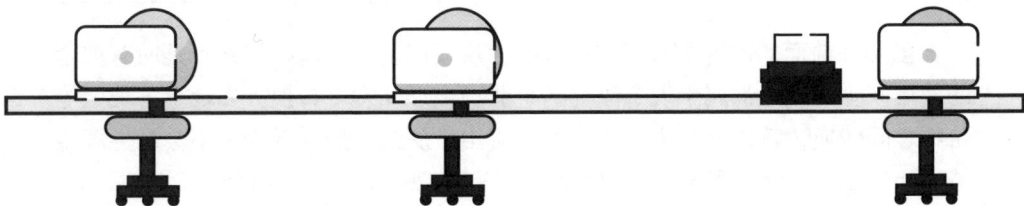

6.1 从财务管理的角度认识现金

可能很多人会认为现金就是实实在在拿在手上的钞票，但站在财务管理的角度，现金不仅包括这些我们熟知的钞票，还包括存在银行账户里的资金以及现金等价物等。本节就从财务管理的角度了解现金的有关知识。

6.1.1 什么是现金及现金等价物

现金，是指企业库存现金、可以随时用于支付的银行存款以及外埠存款、银行汇票存款、银行本票存款、信用保证金存款和在途货币资金等其他货币资金。现金的特点是可以随时用于支付。

现金等价物，是指企业持有的期限短、流动性强且易于转换为已知金额现金的价值变动风险很小的投资，它的主要特点是金额确定、流动性强、易变现且期限短。

由此可见，企业的货币资金还不能简单地认为是等同于现金及现金等价物的。当企业不存在现金等价物时，此时的货币资金才等同于现金及现金等价物。

一般而言，企业拥有的短期债券投资可称之为现金等价物，因为其金额确定、容易变现且期限短；而股票投资不能被称为现金等价物，因为其金额不确定。另外，从投资日起 3 个月内到期或清偿的国库券、商业本票、货币市场基金以及可转让定期存单等，都可认为是现金等价物。

📎 **知识贴士** 现金及现金等价物与现金流量

虽然在前面的内容中有提到现金的使用会产生现金流，但并不是所有现金的使用产生的流量都属于现金流。当企业现金形式发生转换，如现金与现金等价物之间转换，就不会产生现金流入或流出；从银行提取现金也不会产生现金流。为什么呢？因为现金形式的转换并没有使现金流入或流出企业。

6.1.2 牢记库存现金限额的规定

根据我国《现金管理暂行条例》的规定，国家鼓励开户单位和个人在经济活动中采取转账方式进行结算，减少使用现金，同时还明确了开户单位可以使用现金的范围，主要有如下八条内容：

◆ 职工工资、津贴。

◆ 个人劳务报酬。

◆ 根据国家规定颁发给个人的科学技术、文化艺术、体育等各种奖金。

◆ 各种劳保、福利费用以及国家规定的对个人的其他支出。

◆ 向个人收购农副产品和其他物资的价款。

◆ 出差人员必须随身携带的差旅费。

◆ 结算起点以下的零星支出。

◆ 中国人民银行确定需要支付现金的其他支出。

注意，上述内容中提及的"结算起点"为1 000元，结算起点的调整由中国人民银行确定，报国务院备案。另外，这些条款所指的现金是广义上的现金，而并不只是具有实物形态的现金钞票。

具有实物形态的现金钞票对企业来说叫"库存现金"，库存现金是有明确限额的。根据我国《现金管理暂行条例》的规定，开户银行应根据实际需要，核定开户单位3～5天的日常零星开支所需作为库存现金限额。

也就是说，如果某企业每天的日常零星开支为1 000.00元，那么该企业的开户行为其确定的库存现金限额最低为3 000.00元，最高为5 000.00元，只要在这一区间内确定具体的库存现金限额，都可以。

当然，在一些特殊的情况下，企业的库存现金限额可提升。比如边远地区和交通不便地区的开户单位的库存现金限额，可多于5天但不得超过15天的日常零星开支。比如某边远地区的一家企业，其日常零星开支为

800.00 元，则该公司库存现金限额可超过 4 000.00 元（5×800.00），但不得超过 12 000.00 元（15×800.00）。

注意，经核定的库存现金限额，开户单位必须严格遵守。需要增加或减少库存现金限额的，应向开户行提出申请，由开户行核定。

6.1.3 取现和存款之间的凭证填写规则

从会计上理解，企业取现同时涉及银行存款的减少和库存现金的增加，存款同时涉及库存现金的减少和银行存款的增加。按理来说，前一种情况会涉及银行存款付款凭证和现金收款凭证的填写，而后一种情况会涉及库存现金付款凭证和银行存款收款凭证的填写。

但是，由于取现和存款只是企业现金形式的转换，并没有涉及现金流的波动，为了防止重复登记账目，就做了这样的规定：无论是取现还是存款，都填制付款凭证，按下列内容所描述的进行操作。

◆ 取现时，相当于用银行存款付库存现金，所以只填制银行存款付款凭证，不再另外填制现金收款凭证。

◆ 存款时，相当于用库存现金付银行存款，所以只填制现金付款凭证，不再另外填制银行存款收款凭证。

这里的存款通常是指企业将超过库存现金限额的部分送存银行的经济业务。

6.1.4 财务管理要考虑货币时间价值

如果单从会计的角度看企业的资产、资金，那么账面上显示的是多少就是多少。但是，在进行财务管理时，不能单纯地将账面上的经济数据理解为企业的资金情况，因为货币是存在时间价值的，也就是说，现在的一元钱与以后的一元钱的价值是不同的。那么，究竟什么是货币的时间价值呢?

货币的时间价值是指在没有风险和没有通货膨胀的情况下，货币经历一定时间的投资和再投资所增加的价值，也称为资金的时间价值。

在企业的财务管理工作中，为了更形象地表示货币的时间价值，通常使用相对数字来表示，即用增加的价值占投入货币的百分数来表示，这里的百分数一般被称为纯利率。纯利率是在没有通货膨胀、没有风险的情况下资金市场的平均利率。在没有通货膨胀时，将短期国债利率视为纯利率。

从货币的时间价值的概念来看，货币会随着时间的推移而增值，且在不同的时点上或不同的时间段内单位货币的价值不相等。如果要比较不同时间的货币价值，就不能单纯地以各时间的货币数字来进行比较，而是需要将它们都换算到相同的时点上进行比较，这样比较结果才更准确，才有意义。

由于货币随时间的增值过程与复利计算过程在数学上相似，所以在对货币的时间价值进行换算时，一般采用复利计算方法。

复利计算方法指每经过一个计息期，要将该期的利息加入本金再计算下一个计息期的利息，这样逐期滚动计算，也就是我们常说的"利滚利"。只要没有特别说明，计息期一般为一年。下面就来看已知资金现值，要知道资金未来价值的计算，以及已知资金未来价值要知道资金现值的计算。

（1）复利终值

已知资金现值要知道资金未来价值的计算，称为复利终值计算。所以复利终值就是指现在的特定资金按复利计算方法折算到未来某一时点的价值，也可简单理解为现在的一定本金在将来某个时间按复利计算的本金和利息之和，即本利和。复利终值的计算公式如下：

$$F = P \times (1+i)^n = P \times (F/P, \ i, \ n)$$

上述计算公式中，F 表示终值（即本利和），P 表示现值（即初始值），

i 表示计息期利率，n 表示计息期数，其中，$(1+i)^n$ 被称为复利终值系数，用 $(F/P, i, n)$ 表示。下面通过一个具体案例来学习复利终值的计算。

实务案例 计算复利终值来认识货币时间价值

2022 年 6 月 3 日，某人将 50.00 万元存入银行，年利率为 6%，每年计息一次，计算一年、两年后的本利和分别是多少？

一年后的本利和：$F_1 = 50.00 + 50.00 \times 6\% = 50.00 \times (1+6\%) = 53.00$（万元）

两年后的本利和：$F_2 = 50.00 \times (1+6\%) \times (1+6\%) = 56.18$（万元）

也就是说，现值为 50.00 万元的钱，在年利率为 6% 的情况下，一年后的价值是 53.00 万元，两年后的价值是 56.18 万元，这里的 53.00 万元和 56.18 万元就称为复利终值。而第一年多出的 3.00 万元就是一年内的货币时间价值，第二年多出的 3.18 万元（56.18−53.00）就是第二年的货币时间价值。

注意，计息期不同，复利终值的计算结果会有差异。以上述案例为例，假设每半年计息一次，那么一年后和两年后的本利和又会是多少呢？

一个计息期为半年，一年两个计息期，此时计息期利率 =6%÷2=3%，一年共有 2 个计息期，所以：

一年后本利和 $F_1 = 50.00 \times (1+3\%)^2 = 50.00 \times (F/P, 3\%, 2) = 53.05$（万元）

两年共有 4 个计息期，所以：

两年后本利和 $F_2 = 50.00 \times (1+3\%)^4 = 50.00 \times (F/P, 3\%, 4) = 56.28$（万元）

很显然，无论是一年后的本利和，还是两年后的本利和，都与案例中的计算结果不同，由此可见计息期对复利终值的影响。

为了便于计算，一般复利终值系数可直接通过"复利终值系数表"获取。

（2）复利现值

已知资金未来价值要知道资金现值的计算，称为复利现值的计算。所以复利现值指未来某一时点的特定资金按复利计算方法，折算到现在的价值，或者可以说是为了取得将来一定的本利和，现在需要的本金。复利现值的计算公式如下：

$$P=F \times (1+i)^{-n}=F \times (P/F, i, n)$$

上述公式中各符号表示的含义参考复利终值的内容，其中，$(1+i)^{-n}$ 表示复利现值系数，用符号 $(P/F, i, n)$ 表示。下面也来看一个具体案例，了解复利现值的计算。

📌 **实务案例** 计算复利现值

某人拟在 3 年后获得本利和 80.00 万元。假设年利率为 4%，按复利计算方法计息，则他现在应存多少钱？

$$P=80.00 \times (1+4\%)^{-3}=80.00 \times (P/F, 4\%, 3) =71.12 （万元）$$

也就是说，在年利率为 4% 的情况下，未来资金价值为 80.00 万元的钱现在应投入 71.12 万元。而增值的 8.88 万元就是这笔 71.12 万元在这 3 年内的货币时间价值，俗称利息。

需要说明的是，在复利终值和复利现值的计算中，现值可以泛指资金在某个特定时间段的"前一时点"的价值，而不一定就是"现在"；终值也可泛指资金在该时间段的"后一时点"的价值。

在实务中，还可能遇到普通年金终值、普通年金现值、预付年金终值、预付年金现值、递延年金终值、递延年金现值、年偿债基金和年资本回收额的计算与运用，这里只对这些数值进行含义说明，具体见表 6-1。

表 6-1　实务中各种现值、终值的含义

数　值	含　义
普通年金终值	普通年金也称后付年金，即在各期期末收付等额金额。普通年金终值指各期等额收付金额在第 n 期期末的复利终值之和
普通年金现值	普通年金现值指普通年金中各期等额收付金额在第 1 期期初的复利现值之和
预付年金终值	预付年金也称先付年金，即在各期期初收付等额金额。预付年金终值指各期等额收付金额在第 n 期期末的复利终值之和
预付年金现值	预付年金现值指预付年金中各期等额收付金额在第 1 期期初的复利现值之和
递延年金终值	递延年金是递延一定时期后在各期期末收付等额金额。递延年金终值指各期等额收付金额在第（$m+n$）期期末的复利终值之和，其中 m 为递延期，n 为等额收付期数
递延年金现值	递延年金现值指递延年金中各期等额收付金额在第 1 期期初的复利现值之和
年偿债基金	年偿债基金指为了在约定的未来某一时点清偿某笔债务或积聚一定数额的资金而必须分次等额形成的存款准备金，即已知普通年金的终值 F，求普通年金 A
年资本回收额	年资本回收额指在约定年限内等额回收初始投入资本的金额，即已知普通年金的现值 P，求普通年金 A

6.2　现金的保管与清查

现金是企业生产经营过程中非常重要的一项流动资产，也是一项极易存在财务舞弊行为的资产。为了保证新公司的现金管理有条不紊，财务人员不仅需要明确什么是现金和现金等价物，确定库存现金限额，还需要做好现金的保管与清查工作，以及时发现现金可能存在的溢余或短缺问题，并及时挽救。

6.2.1 如何才能保证现金的安全

要保证现金安全，首先需要按照我国《现金管理暂行条例》的规定收支和使用现金，并接受开户行的监督，具体的一些规定见表 6-2。

表 6-2 我国《现金管理暂行条例》对现金的一些管理规定

条目	规　　定
1	开户单位在销售活动中，不得对现金结算给予比转账结算优惠待遇
2	机关、团体、部队、全民所有制和集体所有制企业事业单位购置国家规定的专项控制商品，必须采取转账结算方式，不得使用现金
3	开户单位现金收入应在当日送存开户银行，当日送存确有困难的，由开户银行确定送存时间
4	从开户行提取现金时应写明用途，由本单位财会部门负责人签字盖章，经开户银行审核后，予以支付现金
5	因采购地点不固定、交通不便、生产或市场急需、抢险救灾以及其他特殊情况必须使用现金的，开户单位应向开户银行提出申请，由本单位财会部门负责人签字盖章，经开户银行审核后，予以支付现金
6	开户单位应建立健全现金账目，逐笔记载现金支付，账目应日清月结、账款相符，最常用的有现金日记账和银行存款日记账
7	个体工商户和农村承包经营户确需在集市使用现金购买物资的，经开户银行审核后，可在贷款金额内支付现金
8	在银行开户的个体工商户、农村承包经营户因异地采购的采购地点不固定、交通不便而必须携带现金的，由开户银行根据实际需要，予以支付现金
9	一个单位在几家银行开户的，由一家开户银行负责现金管理工作，核定开户单位的库存现金限额

除此以外，企业应加强自身的现金管理，常见的措施是置办保险柜或保险箱，将库存现金和有价证券等放在其中，锁好保管。企业对于保险柜或保险箱的选择，需要注意的要点有如下一些：

◆ 保险箱或保险柜应尽量选择镶入墙体，避免单独的保险箱或保险柜被不法分子轻易搬走。

◆ 所选的保险箱或保险柜应尽量保证防火和防磁。

◆ 购买符合国家标准的保险箱或保险柜。C 认证的保险箱或保险柜按柜体的实际高度（不包括脚轮高度）在 450 毫米以上叫保险柜，柜体实际高度在 450 毫米以下（含 450 毫米）的叫保险箱。

◆ 依据不同的密码工作原理，防盗保险箱又可分为机械保险和电子保险两种，前者价格较便宜，性能比较可靠，后者使用方便但需经常更换密码，企业可根据自身需求进行选择。

公司安置了保险箱或保险柜以后，还需要制定相应的保险箱或保险柜使用办法来规范使用，比如谁负责保险箱或保险柜、现金、有价证券和重要文件的管理；使用钥匙的，钥匙如何保管；使用密码锁的，密码锁间隔多久更换一次等。需要特别注意的是，保险箱和保险柜、现金等都需要由专人负责，切忌交由非负责人管理。

其他可能涉及的使用规则可参考《现金管理暂行条例》及其实施细则执行。

6.2.2 明确公司的现金清查方法

公司进行现金清查也是为了确保现金的安全，企业除了实行钱账分管制度外，出纳人员还应在每日和每月终了时根据日记账的合计数，结出库存现金余额，并与库存现金实有数进行核对，必须做到账实相符才行。部门主管需随机抽查盘点公司的库存现金，加强监督。

现金清查方法主要是实地盘点法，即对现金进行逐一清点来确定其实际数量和价值的方法。下面就从清查内容、步骤及结果处理这三个方面来了解现金清查方法。

（1）现金清查的内容

现金清查时采用实地盘点法，主要清查企业是否有白条顶库、超限额留存现金、坐支现金、挪用公款等现象。

白条顶库有时也叫白条抵库，指用不合法的便条或白头单据来抵补库存现金的行为。

超限额留存现金，是指留存在企业内部的库存现金实有数超过了其开户行为其确定的库存现金限额却没有将超过部分及时送存银行的行为。

坐支现金，是指企业收到现金以后不送存银行，而是直接从收到的现金中开支的行为。

挪用公款在这里指企业内部工作人员利用职务上的便利，挪用公款归个人使用，进行非法活动，或者挪用公款数额较大、进行营利活动的，或者挪用数额较大、超过 3 个月未归还公司的行为。

（2）现金清查的步骤

现金清查的实施步骤如图 6-1 所示。

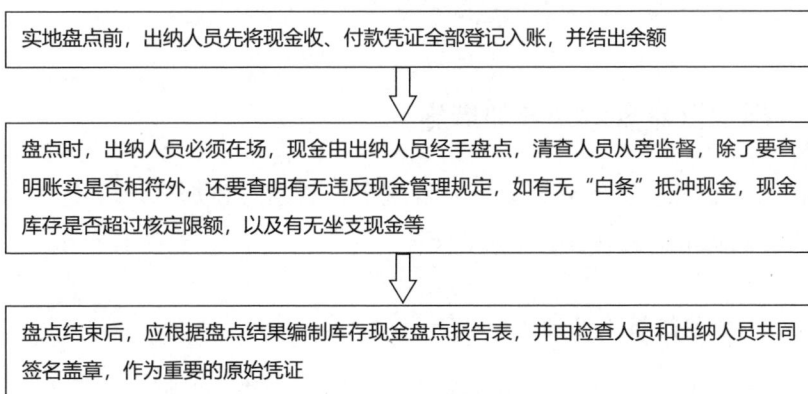

实地盘点前，出纳人员先将现金收、付款凭证全部登记入账，并结出余额

盘点时，出纳人员必须在场，现金由出纳人员经手盘点，清查人员从旁监督，除了要查明账实是否相符外，还要查明有无违反现金管理规定，如有无"白条"抵冲现金，现金库存是否超过核定限额，以及有无坐支现金等

盘点结束后，应根据盘点结果编制库存现金盘点报告表，并由检查人员和出纳人员共同签名盖章，作为重要的原始凭证

图 6-1 现金清查步骤

（3）现金清查的结果处理

现金清查的结果主要有三种：一是现金溢余，二是现金短缺，三是账实相符。

现金溢余，是指清查盘点现金时，发现其实有数高于其账面数，即现金盘盈。这种情况要及时报告领导，同时还要做相应的账务处理，将账面数调整为实有数。注意，不能用溢余现金顶短缺款，或者任意冲减现金，而且在查明原因之前，要通过"待处理财产损溢——待处理流动资产损益"科目暂时核算溢余部分的现金数额。

现金短缺，是指清查盘点现金时，发现其实有数低于其账面数，即现金盘亏。这种情况也要及时报告领导，同时做相应的账务处理，将账面数调整为实有数。同样，不能用其他款项冲抵该部分短缺款，在查明原因之前也要通过"待处理财产损溢——待处理流动资产损益"科目暂时核算短缺部分的现金数额。

账实相符指清查盘点现金时，其实有数与账面数相等，此情况下不做任何处理。

上述就是现金的实地盘点法的具体操作和处理工作。

6.2.3 现金盘盈盘亏的处理措施

在上一小节中已经简单介绍了现金盘盈和盘亏，那么出现现金盘盈或盘亏时，具体的处理措施是怎样的呢？

（1）现金盘盈的处理

现金盘盈时，在查明原因之前，是要通过"待处理财产损溢"科目进行过渡核算的。那么在查明原因之后，又该怎么处理呢？

如果经公司查明，企业发生的现金盘盈是需要付给员工的垫付款，或者是需要支付的其他应付款，则将"待处理财产损溢"科目中的现金盘盈金额转入"其他应付款"科目的贷方；如果查不出具体的现金溢余原因，则将"待处理财产损溢"科目中的现金盘盈金额转入"营业外收入"科目的贷方，将盘盈的现金确认为企业当期的营业外收入，计入当期损益。

（2）现金盘亏的处理

现金盘亏时，在查明原因之前，也是通过"待处理财产损溢"科目进行过渡核算的，同样也要在查明原因之后进行相应的处理。

如果经公司查明，企业发生的现金盘亏是计量错误引起的，或者无法查明具体的原因，则将"待处理财产损溢"科目中的现金盘亏金额转入"管理费用"科目的借方，将盘亏的现金确认为企业当期的管理费用，计入当期损益。

如果经查明，发现是需要向员工收取的代垫款，或者是需要向其他各方收取的其他应收款，则将"待处理财产损溢"科目中的现金盘亏金额转入"其他应收款"科目的借方。

需要注意，不管是现金盘盈还是盘亏，清查盘点结束后都要如实编制"库存现金清查盘点报告表"，准确记录企业当前的现金结存情况。

6.3 现金的管理规定与制度

新公司要更好地管理现金，只是嘴上说说还不够，还需要制定明确的管理规定或制度，以此来规范现金使用行为。有些现金管理规定和制度是所有企业都需要遵守的，而有些规定和制度则需要根据公司自身的情况自行制定，企业可以在国家现金管理制度的基础上增加或减少条款即可。

6.3.1　现金管理要遵守"收支两条线"

根据我国《现金管理暂行条例》的规定可知，开户单位支付现金时，可以从本单位库存现金限额中支付，或者从开户银行提取，但不得从本单位的现金收入中直接支付，也就是说，如果从本单位的现金收入中直接支付现金，就发生了我们常说的"坐支"行为，而这种行为是不可取的。

按照这一规定使用现金，就是遵循"收支两条线"，即现金的收入与现金的支出互不影响。

收支两条线管理模式是财务集中管理的模式之一，要求企业具有很强的预算管理能力，否则无法实时高效地进行收支两条线管理。无论是"收"还是"支"，都要以全面预算管理为基础；同时，"收"的集中管理又为企业的全面预算管理提供了基础，"支"的资金集中管理又为全面预算管理的实施提供了条件。

实务中，收支两条线管理有多种模式，其核心都是"收"与"支"要分开管理，这不仅需要企业自身的财务管理制度相配合，还需要银行的高度配合。

那么，企业为什么要实行"收支两条线"管理呢？主要有两个目的：

◆ 通过"收支两条线"管理，对企业范围内的现金进行集中管理，减少现金持有成本，加速资金周转，提高资金使用效率。

◆ 以实施"收支两条线"为切入点，构建企业财务管理体系中的内部控制系统，通过高效的价值化管理来提高企业效益。

企业在遵守"收支两条线"的过程中，具体如何实施呢？主要从规范资金的流向、流量和流程三个方面入手。

资金流向。 企业收支两条线要求各部门或分支机构在内部银行或当地银行设立两个账户，即收入户和支出户，并规定所有收入的现金都必须进入收入户（外地分支机构的收入户还必须及时、足额地回笼到总部），收入户的资金由企业资金管理部门（即内部银行或财务结算中心）统一管理。而所有货币性支出都必须从支出户里支付，支出户里的资金只能根据一定的程序由收入户划拨而来。

🔗 **知识贴士 什么是内部银行**

企业内部银行是引进商业银行的信贷与结算职能和方式到企业内部，以此充实和完善企业内部经济核算的办法，是企业与其下属单位的经济往来结算中心、信贷管理中心以及货币资金的信息反馈中心，该中心的作用是处理企业与其下属各核算单位之间的经济往来。

资金流量。在收入环节，要求所有收入的资金都必须进入收入户，不得私设账外小金库，还要加快资金的结算速度，尽量压缩资金在结算环节的沉淀量；在调度环节，通过动态的现金流量预算和现金收支计划，实现对资金的精确调度；在支出环节，根据"以收定支"和"最低限额资金占用"的原则，从收入户按照支出预算安排将资金定期划拨到支出户，支出户平均资金占用额应压缩到最低限度。

资金流程。资金流程是"收支两条线"内部控制体系的重要组成部分，主要包括账户管理、货币资金安全性、收入资金管理与控制、支出资金管理与控制、资金内部结算和信贷管理与控制，以及收支两条线的组织保障等。

6.3.2 现金管理中的"八不准"

现金管理的"八不准"是我国《现金管理暂行条例实施细则》中的明文规定，具体是哪"八不准"呢？内容如下：

- ◆ 不准用不符合财务制度的凭证顶替库存现金。
- ◆ 不准单位之间相互借用现金。
- ◆ 不准谎报用途套取现金。

◆ 不准利用银行账户代其他单位和个人存入或支取现金。

◆ 不准将单位收入的现金以个人名义存入储蓄。

◆ 不准保留账外公款（即小金库）。

◆ 不准发行变相货币。

◆ 不准以任何票券代替人民币在市场上流通。

企业若有违反这"八不准"的任何一种情况，其开户银行可按照《现金管理暂行条例》的规定，责令其停止违法活动，并根据情节轻重给予警告或罚款。

6.3.3 建立现金管理制度

企业进行现金管理，可提升现金流的管理水平，合理控制营运风险，提升企业整体资金的利用效率，从而不断加快自身的发展。那么，企业应如何建立适合自身发展的现金管理制度，使其发挥应有的作用，为企业发展助益呢？

首先，需要明确企业的现金使用范围和日常零星开支标准，从而确定企业的库存现金限额及其他现金使用规定。

其次，根据我国现金管理暂行条例的规定，在国家现金管理制度的基础上进行适当的调整，建立初步的、适合企业自身的现金管理制度。

然后，综合考虑企业所处的地理环境、经济环境和人文环境等因素，完善现金管理制度。

最后，在现金管理制度实施过程中，结合制度的实际执行情况，不断改进和完善公司内部的现金管理制度，以求该制度真正为提高企业资金使用效率发挥指导作用。

某公司制定的现金管理制度如图 6-2 所示。

公司现金管理制度

第一章 总则

第一条 为加强现金管理，规范现金结算行为，根据国家《现金管理暂行条例》的要求，结合本公司实际情况，特制定本制度。

第二条 单位财务负责人对本单位现金管理制度的建立健全及有效实施负责。

第三条 本制度适用于公司所属各单位。

第二章 现金支出管理

第四条 现金使用范围

1. 员工绩效工资、季度兑现、津补贴、奖金、医药费和其他人工性支出。

2. 差旅费、培训费、业务招待费等。

3. 司机的燃油费、过路费、过桥费、行车费等。

4. 食堂备用金。

5. 维修费及所需的零配件等其他材料费。

6. 结算起点以下的零星支出，及公司领导批准的其他支出。

第五条 现金使用限额为1 000元，超过限额的，原则上应以转账支票或电汇等方式支付。

第三章 库存现金管理

第六条 库存现金实行库存限额管理，公司按国家规定保留一定数额的库存现金。日常零星开支所需库存现金限额为3 000元。

第七条 库存现金不得超过规定库存限额，超过部分必须于当日

存入银行。

第八条 公司现金必须存放在财务计划部的保险柜内。

第四章 现金出纳职责

第九条 出纳员应当建立健全现金流水簿，逐笔记载现金收付，每日核对账款是否相符，每月核对账账、账实是否相符，做到日清月结。

第十条 对于违反规定的收支，出纳人员有权拒绝办理。

第十一条 对于内容不详、手续不全、数字有误的凭证，应当予以退回，要求补办手续，更正错误；遇有伪造、涂改凭证等虚报冒领的，应及时向领导反映。

第十二条 收付完毕，出纳人员应在原始凭证上加盖"现金收讫"或"现金付讫"章。

第十三条 作废的原始凭证须加盖"作废"章并妥善保存。

第十四条 出纳收到业务单位或个人交纳的现金，必须开具收款收据，并加盖"现金收讫"或"财务专用章"。

第十五条 不得坐支现金。公司支付现金，只可以从库存现金限额中支付或从开户银行提取，不得从本公司的现金收入中直接支付。

第十六条 不准挪用现金，不准利用银行账户代其他单位和个人存取现金。

第十七条 不准白条抵库，不准套取库存现金。

第十八条 不准保留账外公款，不准公款私存，不得私设小金库。

第十九条 财务负责人应定期或不定期对出纳的库存现金进行清查、盘点，每月15日、30日编写《库存现金盘点表》，如有长

短款，应查明原因及时处理。

第二十条 现金出纳相关业务需由银行会计复核。

第五章 现金支付业务办理

第二十一条 现金支付须有完整的支付手续，由经办人填写相关单据，经财务计划部出纳人员审核后，按如下流程签字：本部门主任、归口部门负责人、主管经理、公司领导、财务负责人。公司所有现金支付业务都遵循此签字规定，并且在资金平衡计划范围内，下述业务办理描述中不再赘述。

第二十二条 公司员工（借款人）因工作需要借用现金，按《借款管理制度》中相关规定办理借款手续。

第二十三条 物资采购的现金支出，先提货后付款的凭后补购单、入库单、购物发票单，先付款后提货的凭单列详细《借款单》办理。

第二十四条 差旅费支付凭《差旅费报销单》、发票等办理。

第二十五条 市内交通费、高速费、业务招待费、招聘费、办公费等日常支出凭用报销单、发票等办理，会议费支出还需凭相关会议通知办理。

第二十六条 各种补贴支出，须凭《补助及补贴明细表》与《领款单》办理，以上补贴支出需由本人签字。

第二十七条 各种奖励支出，凭领导签字的《专项基金申请及发放表》或"公司奖惩请示"办理。

第二十八条 借款或报销金额合计在1 000元以上的，需提前一天通知财务计划部备款。

第二十九条 报销单填列要字迹清晰，完整，摘要描述简洁明了，不得涂改，内附票据要与报销事由相符，且填开需完整准确，公司全称、税号、摘要、金额大小写等项目齐全。

第六章 附则

第三十条 本制度的制定、修改、解释权归公司财务计划部所有。

第三十一条 本制度自发布之日起开始执行。

附件：库存现金盘点表

库存现金盘点表

单位：××有限公司　　　　　　　　盘点日期：

原面额	张数	金额	项目	金额	备注
100元			现金账面余额		
50元			加：收入凭证未记账		
20元			付出凭证未记账		
10元			调整后现金账面余额		
5元			实点现金		
1元			现金溢余（+）		
5角			现金短缺（-）		
5分					
1分					
实点现金合计					
财务主管：				出纳员：	

图 6-2 某公司现金管理制度

实务中，公司的现金管理制度要与相应的奖惩制度并行，这样才能起到监督、考核作用，避免现金管理制度流于形式。

一般来说，现金管理制度的主要内容包括：公司现金使用范围的管理、使用限额的管理、库存限额的管理、货币资金的审批以及违反现金管理行为的处理等。有需要的企业，还可以添加有价证券的管理、现金管理负责人等内容，具体根据实际需要制定。

实务答疑

问：发现公司有坐支现金的情况该怎么处理？

答： 原则上，公司内部发现坐支现金的情况，应及时上报领导，并与开户银行申请坐支金额，开户银行通过申请即可。

问：坐支较少的现金也需要报开户行申请吗？

答： 按理来说，无论坐支多少现金，都需要报开户行申请，但实际工作中，如果确认业务真实发生且坐支金额较小，可在合法合规的范围内，通过补充库存现金来处理，账务处理时要如实、准确地记录收支过程，避免不必要的稽查风险。

问：如何判定坐支金额是大是小？

答： 具体需要结合公司的实际情况来看，比如规模较大、库存现金限额超过数万元甚至数十万元的，则坐支几百元的现金通常认为是小金额；但如果规模较小、库存现金限额也只有几千元的，则坐支几百元的现金通常就会认为是大金额。

问：实务中会需要编制现金或银行存款收款凭证吗？

答： 需要。虽然从银行提取现金只填制银行存款付款凭证，而将超过库存现金限额的现金送存银行时只填制现金付款凭证，但这并不是说企业不涉及填制银行存款收款凭证或现金收款凭证的经济业务。比如，员工出差回公司将剩余的差旅费借款以现金形式归还给公司，财会人员就需要根据归还的现金和相应的原始单据填制现金收款凭证；又或者公司销售货物当天就收到客户的转账汇款，财会人员需要根据银行发来的收款通知填制银行存款收款凭证。银行存款收款凭证与现金收款凭证相似，分别如图6-3和图6-4所示。

收　款　凭　证

借方科目：银行存款　　　　　　年　月　日　　　　　　　银收字第　号

摘　　要	贷方总账科目	明细科目	记账√	金额										
				亿	千	百	十	万	千	百	十	元	角	分
合计（大写）：														

会计主管：　　　　记账：　　　　出纳：　　　　　审核：　　　　　制单：

附件　张

图 6-3　银行存款收款凭证

收　款　凭　证

借方科目：库存现金　　　　　　年　月　日　　　　　　　现收字第　号

摘　　要	贷方总账科目	明细科目	记账√	金额										
				亿	千	百	十	万	千	百	十	元	角	分
合计（大写）：														

会计主管：　　　　记账：　　　　出纳：　　　　　审核：　　　　　制单：

附件　张

图 6-4　现金收款凭证

　　银行存款付款凭证与现金付款凭证也相似，而它们与各自的收款凭证有细微的差别，如图 6-5 和图 6-6 所示分别为银行存款付款凭证和现金付款凭证。

付　款　凭　证

贷方科目：银行存款　　　　　　年　月　日　　　　　　　银付字第　号

摘　　要	借方总账科目	明细科目	记账√	金额										
				亿	千	百	十	万	千	百	十	元	角	分
合计（大写）：														

会计主管：　　　　记账：　　　　出纳：　　　　　审核：　　　　　制单：

附件　张

图 6-5　银行存款付款凭证

付 款 凭 证													

贷方科目：库存现金　　　　　　　　年　月　日　　　　　　　　现付字第　号

摘　要	借方总账科目	明细科目	记账√	金　额										
				亿	千	百	十	万	千	百	十	元	角	分
合计（大写）：														

附件　张

会计主管：　　　记账：　　　出纳：　　　　审核：　　　　制单：

图 6-6　现金付款凭证

问： 微信和支付宝里放置的钱属于什么？

答： 如果公司专门有一个微信账号或支付宝账户，用来存放一定的资金，则存放在微信或支付宝里的钱属于公司的其他货币资金，而不是银行存款。

第7章

做好薪酬管理与员工激励

　　可能在很多人眼里都觉得薪酬管理与员工激励属于人力资源管理的内容，与财务管理没关系。但实际上，在一家公司内部，一切与资金变动有关的活动都与财务相关，公司为此所做的管理工作都可以归纳到财务管理中，由此可见，财务管理的范围是很广的。新公司在一开始就尽力做好薪酬管理和员工激励工作，可在一定程度上优化成本结构，为实现财务管理目标助力。

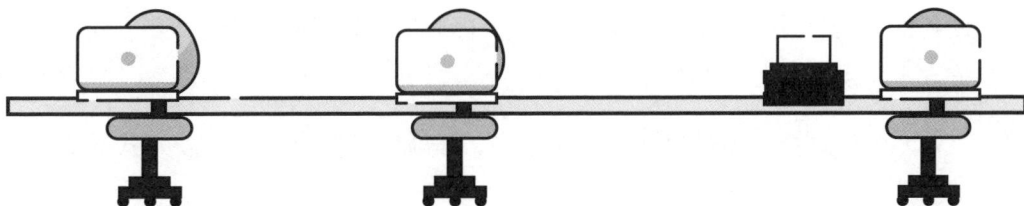

7.1 建立薪酬管理制度方便核算工资

笼统地说，薪酬管理是一个组织针对所有员工提供的服务来确定他们应得到的报酬总额、报酬结构和报酬形式的一个过程。而薪酬管理制度就是来辅助这一过程规范运行的一种标杆，所以新公司需要建立适合自身发展需求的薪酬管理制度，这样不仅能够为准确核算员工工资提供标准，还能规范员工行为，提高人力资源管理水平和财务管理水平。

7.1.1 选择符合企业发展的计薪方式

我国企业常见的计薪方式有三种：日薪制、月薪制和年薪制，其中月薪制最常见，这三种计薪方式的简述见表 7-1。

表 7-1 日薪制、月薪制和年薪制 3 种计薪方式简述

计薪方式	说　　明
日薪制	日薪制，是指企业根据生产经营需要，以日薪作为计酬标准，按照实际工作日每天进行支付的一种短期用工形式，该计薪方式按职工实际出勤天数与日工资标准计算应付工资。如果企业采用这种计薪方式，则计算工作量非常大，所以大多数运用于临时工工资发放
月薪制	月薪制，是指企业按职工固定的月标准工资扣除缺勤工资计算应付工资的一种方法。一般来说，采用月薪制的企业，岗位月薪并不是一个固定值，而是一个薪酬区间，在这个区间内划分具体的工资等级
年薪制	年薪制，是以年为单位，依据企业的生产经营规模和经营业绩，确定并支付员工一年薪酬的计薪方式。年薪制的使用，一般出现在企业的高级管理层，或者一些特殊行业的一般员工

除了上表所述的三种计薪方式，还有很少一部分情况会使用时薪制，顾名思义，就是按照小时数和每小时工资标准来计算工资数额的计薪方式，该方式主要适用于一些小时工。

无论是对企业还是对任职员工来说，薪酬管理制度中对计薪方式的明

确规定都是很有必要的。对企业来说，计薪方式的不同会直接影响会计核算结果；而对任职员工来说最直观的影响就是拿到工资的时间不同。

这里站在企业的角度考虑，如果采用日薪制，则财会人员每天都要做应付职工薪酬的账务处理，不仅要审核工资单，还要填制相应的转账凭证，然后还要登记账簿，这样就可能影响财会人员处理其他日常经营活动的账目，不利于公司开展会计核算工作。

如果采用年薪制，对高级管理层来说还好，但一般员工就会感觉公司是在拖延发放工资，会让员工对公司产生不满情绪，不利于公司人力资源管理，长此以往，很可能造成人才流失，给公司增加离职风险和成本。

所以，我国大多数企业对一般员工都采用月薪制，这样的计薪周期既不短，也不太长，方便公司进行应付职工薪酬核算的同时，也能有效避免员工长时间拿不到工资而产生焦虑情绪。员工稳定了，企业就能相应地减少离职风险和成本，对财务管理中的成本控制可以起到一定作用。如图 7-1 所示是某公司薪酬管理制度中与计薪方式相关的规定。

工资＝基本工资(岗位工资＋工龄工资＋各类补贴)＋绩效工资＋个人相关扣款＋销售提成＋奖金

岗位工资等级表

等级	岗位名称	岗位工资标准 A	B	C	工龄工资标准	绩效工资考核基数	备注
1	总经理/副总经理	4 500.00	4 200.00	3 800.00	50.00 元/年	20%	
2	部门经理/会计	3 500.00	3 200.00	3 000.00	50.00 元/年	20%	
3	质管/出纳/采购/助理/销售等	2 800.00	2 500.00	2 200.00	50.00 元/年	20%	

注：公司内有特殊才能或特殊岗位的人员、部分销售人员及另外指定的除外。

五、试用期薪酬

凡公司新进人员在试用期内薪资标准按核定岗位等级薪资标准的 80%执行，可由行政人事部按具体情况确定，试用考核合格后予以升到核定岗位标准工资。

六、薪酬调整

1. 整体调整：指公司根据国家政策和物价水平等宏观因素的变化、行业及地区竞争状况和公司整体效益情况而进行的调整，包括薪酬水平调整和薪酬结构调整，调整幅度由总经理根据经营状况决定。

2. 个别调整：主要指薪酬级别的调整，具体分为定期调整与不定期调整。

(1) 薪酬级别定期调整：指公司在年底根据年度绩效考核结果对员工岗位工资进行的调整。

(2) 薪酬级别不定期调整：指由于职务变动等原因对员工薪酬进行的调整。

3. 各岗位员工的薪酬调整由总经理审批，审批通过的调整方案和各项薪酬发放方案由行政人事部执行。

七、薪酬的支付

公司将按国家规定的当年月平均上班天数计算工资，当月工资应在次月 15 日发放，遇到双休日及国家法定假日，提前至休息日的前一个工作日发放。

图 7-1 薪酬管理制度中的计薪方式内容

7.1.2 实施符合规定的加班工资制度

由于加班是在法定或国家规定的工作时间之外，延长了正常工作日的工作时间，或者在双休日以及国家法定节假日期间延长了工作时间，所以企业要向加班的员工额外支付加班工资。加班工资的给付也要符合规定，否则企业可能与员工产生经济纠纷，双方闹得不愉快，影响工作进度。

目前，我国除机关事业单位以外的企业单位，要求员工在正常休息时间加班的，应严格参照国家法律规定给予员工正常工资水平以上的工资补偿。为什么说"除机关事业单位以外"呢？因为我国机关事业单位在占用职工法定假期或双休日正常上班的，应参照《中华人民共和国公务员法》严格执行额外调休。

那么企业单位的加班工资规定通常是怎样的呢？根据我国《中华人民共和国劳动法》的相关规定，有下列情形之一的，用人单位应按照下列标准支付高于劳动者正常工作时间工资的工资报酬。

◆ 安排劳动者在工作日延长工作时间的：支付不低于正常工资 150% 的工资报酬。

◆ 休息日安排劳动者工作又不能安排补休的：支付不低于正常工资 200% 的工资报酬。

◆ 法定节假日安排劳动者工作的：支付不低于正常工资 300% 的工资报酬。

同时，还规定劳动者每日工作时间不超过 8 小时，平均每周工作时间不超过 44 小时。而用人单位由于生产经营需要，经与工会和劳动者协商后可以延长工作时间，一般每日不得超过一小时；因特殊原因需要延长工作时间的，在保障劳动者身体健康的条件下延长工作时间每日不得超过 3 小时，每月不得超过 36 小时。

实务中，有些公司可能因为业务需要，与员工协商后的加班时长会比上述规定更长一些。

　　除了加班时长，对公司来说最重要的是规范加班工资标准。职工付出了额外的劳动，当然想要获得额外的劳动报酬。如果公司不重视对员工加班工资的给付，甚至不制定明确、规范的加班工资制度，也有可能引发员工的不满情绪，久而久之，要么员工不再愿意加班，要么直接离职，这对公司运营会产生负面影响。

　　员工加班工资的标准直接影响员工当月工资数额，进一步会影响财会人员对应付职工薪酬的账务处理结果，因此，建立健全加班工资制度很有必要。如图 7-2 所示是某公司加班工资制度的内容。

员工加班工资

　　1.加班费的核算基数：以加班员工本人的岗位工资为核算的主要依据。

　　2.加班费按小时进行核算：加班费=岗位工资/月标准工作小时（20.92×8）×加班小时数×加班系数。

　　（1）正常工作日加班：加班系数=1.5；

　　（2）公休日加班：加班系数=2；

　　（3）法定节假日加班：加班系数=3。

　　（4）正常工作日小时加班基数（岗位工资/月标准工作小时×1.5）最高标准为 16 元/小时，最低标准为 5 元/小时，公休日、法定节假日小时加班基数以此类推。

　　3.加班补贴以及加班工资结算发放每月一次，由人事核实后月底随工资一起发放。

图 7-2　某公司加班工资制度

　　实际工作中，如果企业规模较小，对员工加班工资的规定内容相对较少，可直接将加班工资的规定加入薪酬管理制度中，不需要再单独制定一项加班工资制度；但如果企业规模较大，如集团型企业，涉及的员工加班工资规定比较多，则可以考虑单独制定员工加班工资制度，供集团及其下属公司参考使用。

财会人员需协助人力资源部做好加班工资管理，从而准确地核算员工工资，并有效控制人力资源成本，为达到财务管理目标出力。

7.1.3 确定员工年终奖的发放形式

从很多企业实行的年终奖制度来看，大部分都在每年年末向员工发放年终奖，那么年终奖的发放形式具体有哪些呢？

（1）年末双薪制

年末双薪制，即按员工平时月收入的数额在年底加发一个月至数个月的工资。一般外企比较倾向于该年终奖发放形式，如 13 薪、14 薪等。13 薪指年末按照员工平时月收入数额加发一个月的工资作为年终奖，同理，14 薪就是在年末按照员工平时月收入数额加发两个月的工资作为年终奖。

这种年终奖发放形式下，只要员工在年底时仍然在岗，无论其当年工作或业绩表现如何，都会享有年终奖。

（2）绩效奖金

这里的绩效奖金与某些公司每月向某些员工发放的绩效奖金不同，它是指根据员工个人年度绩效评估结果和公司业绩结果，向员工发放的年终奖金。因为这种方式下的年终奖与个人绩效和公司业绩挂钩，所以称之为绩效奖金形式。

也就是说，这种年终奖发放形式下，员工当年年底可以拿到的年终奖数额高低取决于其当年的绩效好坏和公司业绩好坏，所以是不固定的数额。因此，各公司可根据自身经营状况和发展需求，制定具体的年终奖发放标准。

（3）红包

实际上，以红包形式发放年终奖，并不是一种特别规范的年终奖制度，因为该发放形式下，员工所能获得的年终奖数额完全由老板决定，没有固定规则，主要取决于员工与老板的亲疏程度、老板对员工的印象、员工的资历，以及是否对公司有重大贡献等因素。

红包式年终奖在实际发放时，通常是不公开的，每一位员工所获得的红包数额多少只有老板和自己知道。

当然，这种方式下也有比较规范的操作。比如，公司老板按照公司当年的经营业绩，以及员工资历和工作能力等，评定员工等级；再依据公司当年经营业绩和员工等级系数等计算出员工所能获得的红包数额。

综上，虽然年终奖的发放形式可能不同，但发放时间基本都在每年年底。

根据 2018 年 12 月 17 日财政部和税务总局发布的财税〔2018〕164 号文件《关于个人所得税法修改后有关优惠政策衔接问题的通知》的规定，居民个人取得全年一次性奖金，符合《国家税务总局关于调整个人取得全年一次性奖金等计算征收个人所得税方法问题的通知》（国税发〔2005〕9 号）规定的，在 2021 年 12 月 31 日前，不并入当年总额所得，以全年一次性奖金收入除以 12 个月得到的数额，按照本通知所附按月换算后的综合所得税率表，确定适用税率和速算扣除数，单独计算纳税，相关计算公式如下：

应纳税额 = 全年一次性奖金收入 × 适用税率 − 速算扣除数

换句话说，在 2021 年 12 月 31 日前，居民个人取得全年一次性奖金，也可以选择并入当年综合所得计算纳税。

但是，自 2022 年 1 月 1 日起，居民个人取得全年一次性奖金，应并入当年综合所得计算缴纳个人所得税。

下面通过一个具体的案例来解析该年终奖纳税的规定。

📌 **实务案例** 员工个人年终奖缴纳个人所得税的处理

权某在一家公司做财务工作，2020年全年扣除社保和公积金后的工资总额为 7.20 万元，年底获得一个月工资收入的年终奖 6 000.00 元。假设他没有其他专项附加扣除，其个人所得税的计缴如下：

①在 2021 年 12 月 31 日前，年终奖不计入年综合所得计缴个人所得税，此时用年终奖收入除以 12 个月得到数额 500.00 元（6 000.00÷12），按月换算后的综合所得税率见表 7-2。

表 7-2　年终奖不计入年综合所得按月换算后的综合所得税率

级数	全月应纳税所得额	税率（%）	速算扣除数
1	不超过 3 000 元的	3	0
2	超过 3 000 元至 12 000 元的部分	10	210
3	超过 12 000 元至 25 000 元的部分	20	1 410
4	超过 25 000 元至 35 000 元的部分	25	2 660
5	超过 35 000 元至 55 000 元的部分	30	4 410
6	超过 55 000 元至 80 000 元的部分	35	7 160
7	超过 80 000 元	45	15 160

根据表格内容可知，500.00 元＜3 000.00 元，权某 2020 年一次性年终奖 6 000.00 元适用税率为 3%，速算扣除数为 0：

年终奖个人所得税应纳税额 =6 000.00×3%-0.00=180.00（元）

综合所得个人所得税应纳税额 =（72 000.00-60 000.00）×3%-0.00=360.00（元）

个人所得税应纳税额合计 =180.00+360.00=540.00（元）

②在 2021 年 12 月 31 日前，年终奖选择计入年综合所得计缴个人所得税。

年综合所得合计 =72 000.00+6 000.00-60 000.00=18 000.00（元）

年综合所得个人所得税应纳税额 =18 000.00×3%-0.00=540.00（元）

③在 2022 年 1 月 1 日后，年终奖应计入综合所得计缴个人所得税。计算同②。

该案例中，年终奖不计入综合所得与计入综合所得的处理，权某最终需要缴纳的个人所得税税额相同，因为在不考虑年终奖时，年综合所得适用税率档次为 3%，同时年终奖单独核算个人所得税时也适用 3% 的税率。如果权某 2020 年全年扣除社保和公积金后的工资总额为 9.96 万元，年底获得一个月工资收入的年终奖为 8 300.00 元，则年终奖单独核算个人所得税时，适用税率为 3%（8 300.00÷12=691.67 元 < 3 000.00 元），个人所得税应纳税额为：8 300.00×3%−0.00=249.00 元；综合所得适用税率为 10%（144 000.00 元 > 99 600.00−60 000.00=39 600.00 元 > 36 000.00 元），个人所得税应纳税额为：39 600.00×10%−2 520.00=1 440.00 元，合计为 1 689.00 元。当年终奖 8 300.00 元并入综合所得计缴个人所得税时，99 600.00+8 300.00−60 000.00=47 900.00 元 > 36 000.00 元，且小于 144 000.00 元，个人所得税应纳税额为：47 900.00×10%−2 520.00=2 270.00 元，此时就与年终奖单独核算个人所得税所需缴纳的个人所得税总额 1 689.00 元不相等了。

由此可推测，年终奖实施新政前后，对员工个人缴纳个人所得税是有明显影响的，可能对低收入群体的影响较小。

7.1.4　完善职工考勤和绩效管理制度

目前，市场中的众多企业可以说都将职工的考勤和绩效等与其工资挂钩，满勤当然不会从基本工资中扣除缺勤费用，绩效考核成绩优异通常会在基本工资之外获取额外工资。

因此，为了更科学地进行员工薪酬管理，公司需要建立并完善职工考勤制度和绩效管理制度。职工考勤制度主要包括内容有基本工作时间和具体考勤办法，有些企业会将加班和调休的规定写入考勤制度，这就由公司按照自身需求进行添加。

考勤制度的建立可以规范员工的行为，使其重视时间管理，养成不迟到、不早退的习惯，对公司来说可有效控制人力资源成本。某公司建立的考勤管理制度的部分内容如图 7-3 所示。

考勤管理制度

第一章 总则

1.目的

为适应公司发展，进一步规范和完善公司考勤制度，明确劳动纪律，保障员工合法权益，依据国家劳动法律法规的相关规定，特制定本管理制度。

2.适用范围

本制度适用于××上海公司（以下称公司）。

第二章 工作制度

1.基本工作时间

1.1 职能员工工作制：每周工作 5 天，每天工作 8 小时。上班时间：9:00~12:00，13:00~18:00。

1.2 特殊职能部门（呼叫中心、移动互联网部及移动养卡组）员工工作制：每周工作 5 天，每天工作 8 小时，上班时间以部门排班为准。

2.门店员工工作制：门店员工实行综合工时工作制度，工作时间及排班以门店的排班表为准。

3.经理（含）级别以上员工实行不定时工时制度，工作时间计算实行弹性工作制。

第三章 考勤制度

1.公司后勤部门执行上、下班刷卡出勤制度。除下列员工外，全体员工均应按规定于上下班时间打卡。

1.1 经总经理核准免于出勤考核的；

1.2 因公出差填写"出差申请单"经相关人员核准的；

1.3 因故请假，经核准的；

1.4 因公事外出，未打卡登记的人员需填写《外出申请单》，经直接主管签字核准的，《外出申请单》需要在 1 个工作日内送至人力资源部备案，超过 1 个工作日后补单的，人力资源部将不予接收。

2.部门员工上、下班均须亲自打卡，如有下列情形之一者，至少以旷工论处，并按其情节轻重由人力资源部的以惩处：

2.1 委托他人代打他人处卡的（如有该情形发生，代打卡者亦以同样标准同受惩处）；

2.2 擅自修改出勤记录的；

2.3 故意毁损出勤卡及出勤记录的；

2.4 伪造出勤卡及出勤记录的。

3.部门员工打卡次数：一日两次，即早上上班打卡一次，下午下班打卡一次。工作时间如有外出公干或请假，离岗和到岗时也应打卡。

4.部门员工打卡时间：打卡时间为上班到岗时间和下班离岗时间，凌晨 5:00 之前的打卡为前一天的考勤记录，凌晨 5:00 之后的打卡为当天的考勤记录。公司考虑到员工距离和交通的原因，实行人性化管理，上班时间 5 分钟内打卡的，不予迟到处理。

5.部门员工未打卡：除 1.1、1.2、1.3、1.4 之外的情形。

5.1 参加由公司或部门组织的在公司内外的公司培训、会议、活动时，可由组织部门统一申请未打卡者勤。

5.2 员工按正常流程操作，但无法打卡或打卡不被受理的，必须在当日前往人力资源部报备，经人力资源部确认有效，否则视为未打卡。

5.3 员工上下班未打卡的按照事假半天处理，如有正当理由须部门负责人签核，每月未打卡签核不应超过 3 次。超过次数按迟到处理。

6.门店员工点名规定

6.1 门店员工实行由门店负责人点名记录的方式，员工上下班、午晚餐均需在门店负责人或代理人处点名或报告，应上班而无点名或报告记录者，以旷工处理。

6.2 门店员工上、下班均应亲自参加点名，如有下列情形之一者，至少以旷工论处，并按其情节轻重酌以惩处：

6.2.1 委托他人代参加点名应到的（如有该情形发生，代做者亦以同样标准同受惩处）；

6.2.2 擅自修改出勤记录的；

6.2.3 故意毁损点名表及出勤记录的；

6.2.4 伪造出勤记录的。

7.员工出勤违反规定

7.1 员工迟到，每次罚款 20 元，上班迟到超过 1 小时（含）不足 4 小时者，按旷工半天处理。

7.2 员工早退，每次罚款 20 元，上班早退超过 1 小时（含）不足 4 小时者，按旷工半天处理。

7.3 脱岗在 30 分钟以上者，每次罚款 30 元，脱岗超过 1 小时（含）不足 4 小时者，按旷工半天处理。员工上班时间非因工作需要不在工作岗位超过 15 分钟视为脱岗。

7.4 员工在上班时间因公事外出，须征得直接主管同意，并在"外出人员登记表"上按要求登记；因私事外出，除办理请假手续外，其他程序同因公事外出；否则以脱岗论处。

7.5 员工当天迟到、早退、脱岗超过 4 小时者，按旷工一天处理。

7.6 员工在未经直接主管及相关核定权限主管同意的情形下擅自不遵守上下班时间、外出管理规定者，均按上述条款界定为迟到、早退、脱岗、旷工。

7.7 旷工扣旷工期间 3 倍工资。

7.8 员工迟到和早退月累计达 7 次、季累计达 14 次、年累计达 21 次者，除做上述处分外，予以辞退处分。

7.9 员工脱岗月累计达 5 次、季累计达 10 次、年累计达 15 次者，除做上述处分外，予以辞退处分。

7.10 员工连续旷工达 3 天，除做上述处分外，视作自动离职；月累计旷工达 3 天、年累计旷工达 10 天者，除做上述处分外，予以辞退处分。

7.11 如员工在一个累计期间（月、季、年），迟到、早退、脱岗、旷工均存在，则按如下标准折算：迟到和早退累计 3 次视为旷工 1 天，脱岗 30 分钟以上 60 分钟以内累计达 2 次视为旷工 1 天；折算后按 7.10 条标准处理。

7.12 员工赴外地出差，应将审批好的《出差申请单》交入力资

图 7-3 某公司考勤管理制度

而绩效管理制度的建立，可以促使员工更积极地完成工作任务，甚至超额完成工作任务，加快公司的生产经营步伐，使公司快速发展。如图7-4所示为某公司绩效管理制度的部分内容。

绩效管理制度

第一部分 总则

一、目的：为全面、客观评价员工工作业绩，规范和完善绩效管理体系，建立有效的激励约束机制，从而帮助员工提高工作绩效，提升公司经营业绩，确保公司战略目标的实现，特制定本制度。

二、适用范围：本制度适用于公司的所有正式编制人员。

三、绩效管理原则：公平、公开、公正；结果导向、过程控制；权责一致。

四、绩效考评小组：成立绩效考评专项小组，负责员工绩效考评及申诉相关决议。

组长：公司总裁

副组长：人力资源业务分管副总

组员：各级部门总监及负责主持工作副总

办公室：人力资源管理中心

第二部分 绩效管理的组织与职责

五、公司绩效考评小组是各单元绩效管理工作的组织执行机构，承担公司单元绩效管理的计划、组织、实施和监督职责。

六、公司人力资源管理中心是员工绩效工作的组织执行机构，承担公司员工绩效管理的计划、组织、实施和监督职责。

七、各业务单元负责人职责：按公司规定，依据本业务单元实际情况制定具体考核方案并组织实施绩效管理工作。

八、各级管理人员职责：根据公司要求，负责本部门或下属的绩

效管理工作。

第三部分 绩效考核体系

九、考核周期

（一）月度考核：公司除总裁、副总裁外的所有部门、所有人员的考核必须按月度进行，原则上奖惩也是按月执行。

（二）年度考核：年度考核是年终对所有人员进行当年度工作业绩的考核。

十、考核类别

（一）常规考核：按固定周期实施，以工作业绩达成为目标的考核。

（二）关键事件考核：对于工作亮点、暗点事件进行绩效加减分，计分纳入本期考核成绩。根据关键事件的性质划分为亮点奖励事件和暗点惩罚事件，奖惩规则详见公司《员工奖惩管理制度》。

（三）即时考核：为了保证绩效考核工作的严肃性和规范性，公司对绩效考核各环节的截止时间进行了明确规定，对于未按时完成的员工予以惩罚。

十一、考核对象

（一）公司实行全员考核，考核周期当月入职的正式编制员工均须参加考核。

（二）调岗与借调人员：以考核周期为单位，由任职时间较长的部门考核；如果任职时间相等，由原部门对其进行考核。

十二、考核流程

（一）确立绩效目标：考核期开始前，直接上级要与被考核人共

同确定业绩目标，并订立书面约定（绩效责任书或绩效考核表），作为考核的依据；若考核期间绩效目标发生变更，须在绩效考评前重新订立约定。

（二）期间保持绩效辅导：考核期内，直接上级应关注下属工作进度，在必要时或下属提出请求时进行工作指导，及时协助下属解决问题、提供资源。

（三）期末考评业绩结果

常规考核：直接上级必须在下一个考核周期的前5个工作日内完成对被考核人工作任务的绩效评估工作。

关键事件考核：个人奖惩事件的绩效加减分认定由部门发起，填写《员工奖惩建议申报表》并根据表单中的程序要求逐级上报审批。

（四）绩效反馈与绩效改进：考核成绩审批通过后3个工作日内，直接上级应与下属员工进行绩效结果反馈与面谈，确认当期考核结果和下一考核周期的绩效目标，签署绩效面谈记录；须进行绩效改进者，同时签订《绩效改进计划》，《绩效改进计划》应纳入下一考核周期的考核范围。

第四部分 绩效结果及应用

十三、绩效考核标准

（一）月度考核对应标准

绩效结果指考评最终得分，即常规考核、关键事件考核两项得分和，采用百分制核算。依据考核分数划分为"卓越、优秀、良好、合格、基本合格（需提升）、不合格"六个等级，考核等级对应系数将

用于员工月绩效工资的发放。

等级	考核分数	绩效考核系数	强制分布比例
卓越	考核分数≥100分	1.2	10%
优秀	95分≤考核分数<100分	1.1	—
良好	90分≤考核分数<95分	1	—
合格	80分≤考核分数<90分	0.9	—
基本合格	70分≤考核分数<80分	0.8	10%
不合格	考核分数<70分	0	—

注：强制分布比例按照部门总人数执行，若部门不足10人，以1人评定。

①绩效结果≥100分以上者，即认定为超出绩效目标，绩效工资系数为1.2。

②95分≤绩效结果<100分者，即认定为绩效目标完成优秀，绩效系数1.1，优秀及以上人员强制分布比例原则上不得高于10%。

③90分≤绩效结果<95分者，即认定为绩效目标完成良好，绩效系数为1。

④80分≤绩效结果<90分者，即为基本达到绩效目标，考核等级为合格，绩效系数为0.9，合格及以下人员强制分布比例不得低于10%。

⑤70分≤绩效结果<80分者，为勉强达到绩效目标，绩效系数为0.8，工作需改进，考核结果在此档次员工，须与其上级共同制定绩效改进计划书，并提报人力资源管理中心备案。

⑥绩效结果<70分者，即认定为"不合格"，绩效系数为"0"。对于不合格的员工，公司将对其进行调岗、培训或留岗观察处理，若调岗、培训或留岗观察后绩效结果仍低于80分者，公司有权与员工

图7-4 绩效管理制度

财务管理工作就是要协助人力资源部门做好考勤管理制度和绩效管理制度的制定和完善工作，尤其是涉及工资计算的内容，一定要仔细研究、推敲，站在员工的角度完善这些管理制度，以提高员工工作积极性为主要目的，而不是以惩罚为主要目的。

7.2　明确职工薪酬在会计处理上的分配

站在财务管理的角度，财务人员不仅要知道如何核算企业员工的薪酬，还应知道这些薪酬如何归集分配，这样才能保证员工薪酬的核算工作正确无误。然而，虽然所有员工的薪酬都需要通过"应付职工薪酬"科目进行核算，但不同部门或者不同情形下发生的员工薪酬需要计入的费用或成本项目是不同的，本节就来简单了解职工薪酬的分配。

7.2.1　自建厂房发生的工人工资与厂方入账价值相关

公司的经营大多需要依靠实体场所和机构，尤其对生产性企业来说，必然需要用于生产产品的厂房和机器设备，其中，厂房的取得可以是外购，也可以是自建，有条件的企业可选择自行建造厂房，没有过多精力的可选择外购。

那么，企业在自建厂房的过程中，必然会聘请施工团队建造厂房，相应地就会发生工人工资的支出，此时这些工资支出应该怎么核算呢？

与公司向本公司员工支付工资一样，通过"应付职工薪酬"科目来核算这些建造厂房的工人工资。但是，最后这些工人的工资应该计入公司的相关费用还是成本呢？

有人会说，建造的厂房用于生产产品，所以要将建房工人的工资计入产品成本；有人认为建造厂房时还没有产品形成，不能计入产品成本，应该通过管理费用核算。实际上都不是。

因为企业建造的厂房，在达到预定可使用状态并投入使用时，需要确认其入账价值，后期在使用厂房的过程中，会陆续对其入账价值进行折旧，以达到将其成本摊销到相应的费用中去的目的，从而核算企业当期损益。所以，因修建厂房发生的工人工资需直接计入厂房的入账价值，后期进行折旧，分配到相应的费用中，以此核算当期损益。

需要说明的是，如果是在建造厂房的过程中按规定时间支付工资，直到厂房建造完毕前，要将这些工资先计入"在建工程"科目进行核算，待厂房建造完毕达到预定可使用状态后，再从"在建工程"科目转入"固定资产——厂房"科目的借方；如果是在厂房建造完毕并达到预定可使用状态后一次性向工人支付工资，则可一次性将工人工资计入固定资产入账价值中。

7.2.2　生产车间员工的职工薪酬要分情况核算

可能很多财务管理人员并不十分了解生产车间员工的职工薪酬核算规则，认为生产车间所有员工的职工薪酬都应计入生产成本。实际上不然。

对于专门核算产品成本或生产成本的会计人员来说，他们会更清楚生产车间员工职工薪酬的核算细节，直接负责生产任务的员工的职工薪酬才计入生产成本，而车间管理人员的职工薪酬需要计入制造费用进行核算。为什么要这么做呢？

我们都知道直接负责产品生产业务的员工，他们的全部工作几乎都是生产产品，所以其付出的劳动力可以很直观地进入生产成本中，也就可以直接通过"生产成本"科目核算对应员工的工资支出。

而生产车间管理人员虽然负责组织和监督完成生产任务，但他们并不直接参与生产活动，很多时候处理的是一些生产过程中管理方面的问题，如怎么调配生产员工以提高生产效率，怎么制定产品优劣检查标准，以及汇总生产车间生产情况并向公司领导汇报等，这些工作内容涉及的劳动力不能直观地反映在某一种或某一批次的产品中，所以不能直接通过"生产成本"科目核算，而应该先计入"制造费用"科目核算，待期末时再与其他制造费用一起，按一定的分配标准分配结转到各产品的生产成本中去。

最后，会计人员需要将总的生产成本，按照产品类别或批次等，计入相应的产品成本中去，以此作为后期销售产品时销售成本的确定依据。

如图 7-5 所示的示意图可以让我们更清晰地理解生产车间员工的工资分配情况。

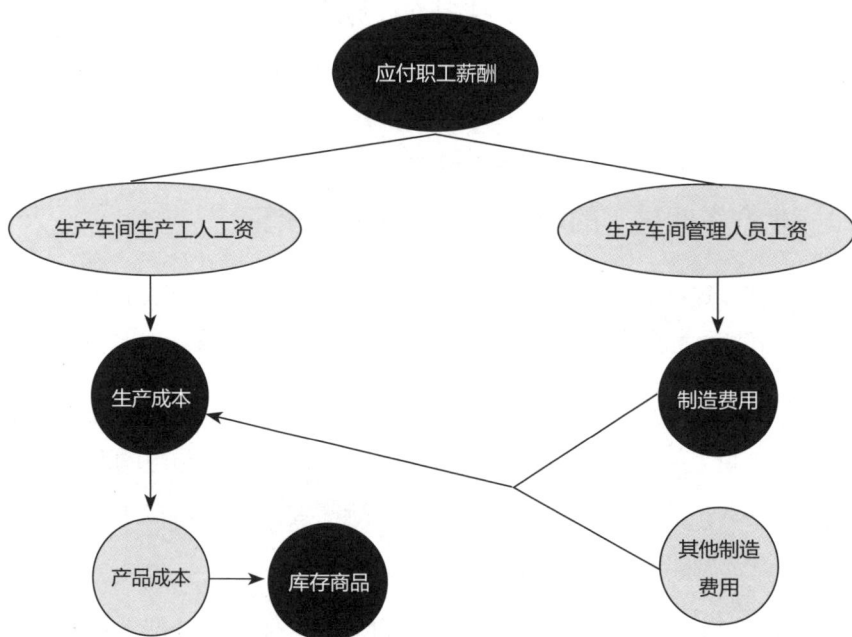

图 7-5　生产车间员工工资分配

从上图可知，无论是生产车间生产工人工资还是生产车间管理人员工资，最终都会计入产品的入账价值，通过"库存商品"科目进行核算。当销售产品时，将产品的成本从"库存商品"科目转入"主营业务成本"科目的借方即可。

上图提及的"其他制造费用"项目，主要是指生产车间机器设备的折旧费以及大修理费。这里需要注意的是，生产车间机器设备的日常维修费是计入管理费用的，而不是制造费用。

由此可见，生产车间工人工资和管理人员工资都是构成产品成本的一部分，最终会影响企业的销售成本，相应地就会影响企业当期损益，因此掌握生产车间员工工资的分配是做好财务管理工作必不可少的。

7.2.3 行政管理部门的员工薪酬统一确认为管理费用

这里所说的行政管理部门，主要是指企业的人事部、行政部、财务部和后勤保障部等负责行政事务的职能部门，这些部门的员工工资核算比较统一，均计入管理费用，影响当期损益。

管理费用对一家企业来说，是三种期间费用（管理费用、销售费用和财务费用）中囊括范围最广的一种费用。通俗一点来讲，企业发生的期间费用，只要是没有特定用途或性质的，一般都归类为管理费用。

比如，与销售活动相关的员工工资，因为销售活动存在特殊性质，所以销售员工工资不计入管理费用；企业发生借款利息，将其确认为某种费用时，由于借款对于企业来说有专门用途，所以借款利息也就具备了特殊性，也不计入管理费用。

另外，企业内这些部门发生的水电费，因为不具有特殊性，都是用水用电的耗费，所以一般水电费都计入管理费用，不区分部门。各部门发生的办公用品费、固定资产折旧费等，也都计入管理费用。

对于生产车间这样特殊的部门，其发生的水电费可以计入管理费用，但有的企业也将其计入生产成本中，理由是生产车间耗用的水电费几乎全部用于生产产品，所以可以直观地反映为生产成本进行核算。

由此可见，不仅是行政管理部门员工的工资计入管理费用进行核算，很多不具有特殊性的费用支出也都划归到管理费用中核算，其核算范围较销售费用和财务费用更广。

企业向行政管理部门的员工支付工资，首先要通过"应付职工薪酬"进行核算，然后再分配到管理费用中去，通过"管理费用"科目核算，从而影响企业当期损益。

7.2.4 销售部门的员工薪酬要确认为销售费用

销售部门的员工，其工作内容主要围绕销售活动展开，一切工作都是为了销售业务服务，所以销售人员的薪酬需要计入与销售业务相关的销售费用，而不是管理费用。

另外，销售部门的员工如果发生差旅费，也通常确认为销售费用，而不是一般的管理费用，该部门发生的固定资产折旧费，也同样确认为销售费用。

既然销售人员的工作主要是为开展销售业务服务，而销售业务主要与产品销售挂钩，那么为什么销售人员的工资就不计入销售成本而计入销售费用呢？

一般来说，销售成本仅指构成产品或商品实物形态的那些投入，而销售人员为了开展销售业务而获取的工资不构成产品或商品实物形态，只是因辅助产品或商品顺利售出而发生，所以不确认为销售成本，而应确认为销售费用。销售人员的差旅费计入销售费用也是同样的道理。

实际进行账务处理时，也要将销售部门的员工薪酬通过"应付职工薪酬"科目进行核算，然后将其确认为销售费用，通过"销售费用"科目核算。

企业的财务费用核算范围

财务费用指企业为了筹集生产经营所需资金而发生的费用，如利息净支出（即利息支出减去利息收入后的差额）、汇兑净损失（即汇兑损失减汇兑收益的差额）、金融机构手续费以及筹集生产经营资金发生的其他费用等。需要特别说明的是，企业在筹建期间发生的利息支出，应计入开办费，从而计入筹建期间的管理费用中；企业为了购建或生产满足资本化条件的资产而发生的应当予以资本化的借款费用，要计入"在建工程"或"制造费用"科目进行核算，而不是计入财务费用。

7.3 激励员工提高工作效率

对新公司来说，其不仅销售人员和生产人员需要激励，财会人员同样也需要激励，这样也可有效提高财会人员的工作效率。那么，对财会人员要如何进行激励呢？从绩效入手？财会人员的绩效好坏很难评断，最多从员工的工作是否积极、工作质量是高是低等来看。而且财会人员的工资主要是职位工资，很难有大幅度的变动。如此一来，就要另辟蹊径激励员工。

7.3.1 采用有效办法改善财务人员工作环境

改善财务人员的工作环境，使他们办公时心情变好，可促使员工更积极工作。那么改善财务人员工作环境具体有哪些可行办法呢？

（1）工位上适当放置绿植

财务人员的工作性质决定了他们会整天对着电脑，对身体最大的伤害应该就属眼睛，而绿色植物可有效缓解眼睛疲劳，对近视也有一定的防护作用。

而且电脑对人体也有些微的辐射伤害，某些绿植有防辐射的作用，因此在办公室适当放置这样的绿植能减少电脑辐射对人体造成的伤害。

另外，绿植颜色舒缓，同时给人生机盎然的新鲜感，能提升人的舒适体验，使人内心平静，可以更细致、耐心地处理会计事务，从而提高会计工作的准确性。

（2）建立专门的档案资料保管制度

由于财务人员的工作会涉及各种各样的凭证、单据、报表和申请表等，所以会计资料会特别多，如果不做好资料管理工作，不仅可能导致资料散失，更会影响财务人员办公环境的有序性。杂乱的办公环境会使财务人员心情烦躁，这样他们开展工作的效率就会降低。

建立专门的档案资料保管制度，明确各档案资料的放置位置，并督促财务人员严格按照制度规定保存档案和资料，能有效保证档案资料的存放井然有序，提高财务部办公环境的整洁度。

（3）建立严格且完善的财务管理制度

财务管理制度是企业实施经营管理活动的基础，是财务管理体系的建立、维护，以及会计核算与监督的制度保障，它不仅可以规范企业的财物，还能规范包括财务人员在内的员工行为，防止出现财务舞弊。

大多数情况下，有些财会人员会做出财务舞弊行为并不是出自其自身的主动意识，而是受公司内部环境影响，因为公司没有严格且完善的财务管理制度，导致内部控制失调，同事之间不按规定办事，使一些财会人员萌生侥幸心理做出财务舞弊行为。

所以，要想从源头改善企业财务人员的工作环境，严格且完善的财务管理制度是必不可少的。从开始就尽可能地避免公司员工处于不规范财务操作的环境中，从而让大家都遵纪守法，那些因侥幸做出财务舞弊行为的财会人员也会自觉规范自己的行为，这样大家工作起来会更顺畅、更有底气。

除此以外，还有其他一些可以用来改善财务人员工作环境的小小举措，公司可根据自身实际情况实施。

7.3.2　做好财务人员职责分工

财务管理是企业经营的命脉，由于很容易出现财务舞弊行为，所以必须严格遵循"钱账分管"和"不相容职位相分离"等原则。

这些原则实际上都是要求企业做好财务人员的职责分工，使他们各司其职，避免财务舞弊行为的发生。"钱账分管"主要是指出纳与会计的区别，出纳人员负责钱、财、物的管理，会计人员只负责做账，两者不能混淆。

而"不相容职位相分离"则是对一些可能存在某种对企业发展不利的关联岗位进行分离的规定，大致有如图 7-6 所示的七种需要分离的情形。

实务中，同一种职务可以由多人负责相应的工作内容，因为有的职务工作量比较大，工作范围也很广，比如前述④提及的会计记账工作，可分成本费用会计、资金核算会计、往来账会计、工资核算会计以及收入会计等，这些都是负责会计记账工作的岗位，他们之间的工作就必然有联系，且这种联系是需要保持的，只是大家的具体核算和记账内容不同而已。

除了要深刻认识"不相容职务相分离"这一原则的重要性，企业还需要建立健全员工管理制度，从员工个性差异和需求差异出发，结合企业的发展要求，详细定位各岗位的职责内容，让员工能够清楚认识自己的工作职责，这有利于提高员工的工作效率。

❶ 授权进行某项经济业务的职务 —— 相分离 —— 执行该项业务的职务

例

有权决定或审批材料采购的人员不能同时兼任采购员职务。

❷ 执行某些经济业务的职务 —— 相分离 —— 审核这些经济业务的职务

例

填写销货发票的人员不能兼任发票的审核人员。

❸ 执行某项经济业务的职务 —— 相分离 —— 记录这些经济业务的职务

例

销售人员不能同时兼任会计记账工作。

❹ 保管某些财产物资的职务 —— 相分离 —— 记录这些财产物资的职务

例

会计部门的出纳人员不能兼任会计记账工作。

❺ 保管某些财产物资的职务 —— 相分离 —— 核对财产物资实存数与账存数的职务

例

各部门负责保管财产物资的人员不能兼任清查财产物资的工作。

❻ 记录明细账的职务 —— 相分离 —— 记录总账的职务

例

记录某账户明细账的人员不能兼任记录该账户的总账工作。

❼ 登记日记账的职务 —— 相分离 —— 登记总账的职务

例

登记日记账的人员不能兼任登记总账的工作。

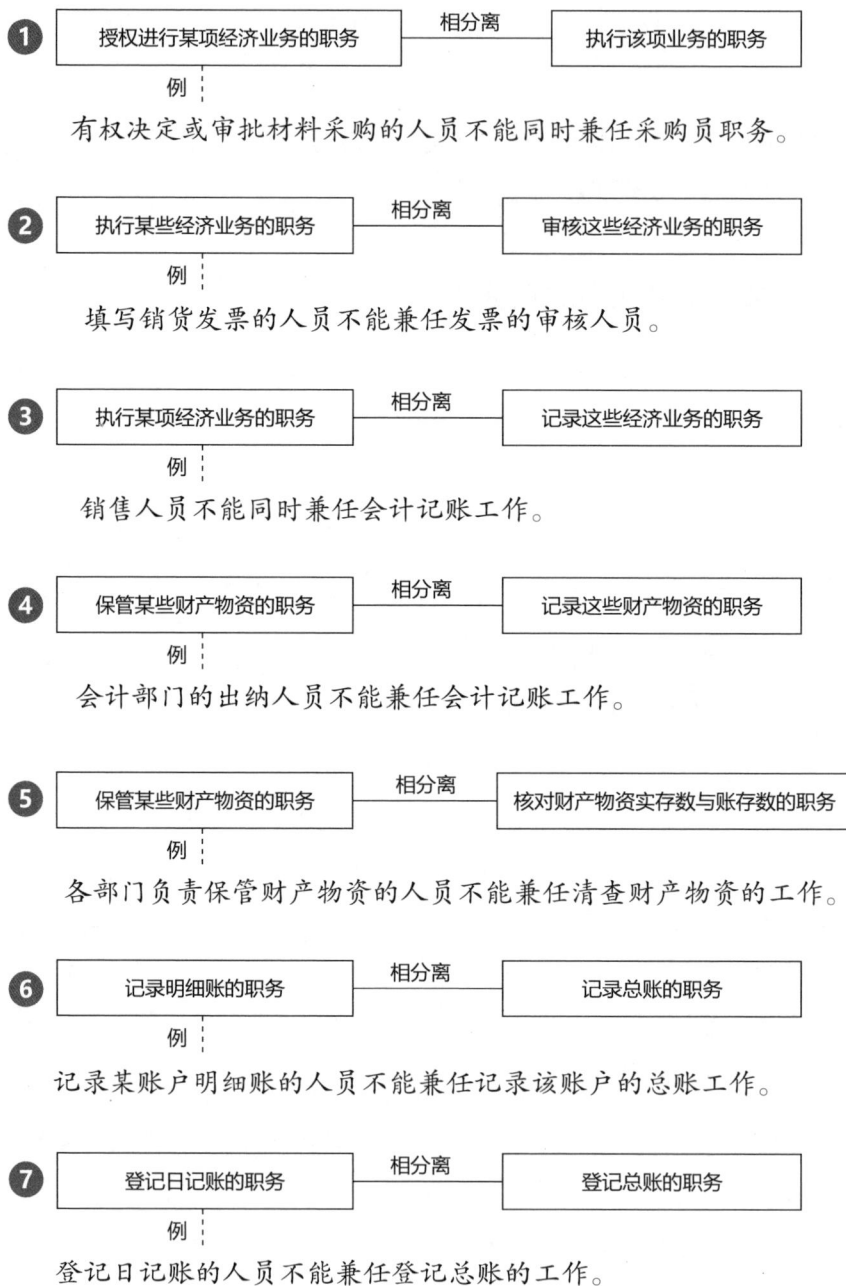

图 7-6 七种"不相容职位相分离"的情形

不仅是财务人员要有各自的工作职责，企业内部其他部门人员也都要有各自的工作内容和职责范围。企业要想激励员工积极工作，首先要做好员工的职责分工，这样才能让员工明白自己应该朝着什么目标或方向努力。

实际工作中，很多制度健全的企业都会专门编制一本员工岗位职责说明书，里面会详细说明企业内部各岗位的职责范围和权限。如图 7-7 所示是某公司岗位职责说明书的部分内容。

1. 严格按照公司规定的报价原则进行对外报价。

2. 承担所负责区域产品项目的标书制作、现场答疑、评委协调等与投标有关的一切事宜，对于临时应急在客户部不能给予支持的前提下，必须与用户进行深层感情沟通后再进行投标。

3. 协助经理搞好供货渠道建设。

4. 严格执行合同管理规定，要按时签订，不得延误，并在第一时间将合同传递给与项目相关的人员。

5. 综合调配公司库存资源，订货时必须要了解当前库存情况，在有库存的情况下要以先出库存为主。

6. 参加本部门员工业务培训。

7. 树立××公司的专业形象，保证××公司的名誉不受到侵害。

十一、财务经理岗位职责

1. 协助经理制定公司年度和阶段性市场经营、客户服务工作计划和工作目标并组织实施，确保完成公司下达的市场经营、客户服务等经营管理指标。

2. 贯彻执行《中华人民共和国会计法》等财经法律制度，制止违反财经纪律、财会制度的行为，发现重大问题及时向财务副总或总经理汇报，确保各项财务活动符合有关规定。

3. 组织实施公司机构和人员的调整设置、绩效考核及二级薪酬分配，提出员工的招聘和使用计划，保证公司内部考核、薪酬分配制度的合理完善及人力资源的有效配置，推进公司目标的实现。

4. 推进公司的企业文化建设，掌握员工主要思想动态，倡导队伍的创新和团队精神，提升公司核心竞争能力。

5. 指导财会业务处理，采购货比三家询价备案，强化资金管理。

6. 准确审核报销的各种票据。

7. 定期组织部门人员培训。

8. 树立××公司的专业形象，保证××公司的名誉不受到侵害。

十二、会计岗位职责

1. 贯彻执行《中华人民共和国会计法》等财经法律制度，制止违反财经纪律、财会制度的现象，发现重大问题及时向部门领导报告，确保企业各项财务活动符合有关规定。

2. 审核各部门编制的费用报表，办理收入、成本、资金等会计核算，按时编制各种财务报表，使经营成果得到准确及时反映。根据国家有关规定，严格管理发票，并定期检查发票使用情况。

3. 负责对公司调拨、库管、出纳等财务工作的协调与管理。协调各岗位每月以报表方式对账目做出结算。

4. 负责公司财务收支核算，即对各类报表的审核、监督及核销工作。

5. 保管好各类财务资质证件、印章。

6. 编制并审核记账凭证，录入电脑，核对总账、明细账，登记账簿、科目汇总表及财务报表。

7. 协调出纳员进行资金业务管理。

8. 对进项发票进行登记。

9. 按时报税、缴税，协调好税务部门的工作。

图 7-7　某公司岗位职责说明书（部分）

另外，由于财务人员的工作内容关系着企业的经营命脉，所以工作的细致程度很重要。一旦财务人员在工作中放松了警惕，轻则可能出现错账，重则产生财务舞弊行为，将给自身和企业都带来严重的伤害和损失。

为了能督促财务人员提高工作质量和效率，企业可以针对财务部的工作制定专门的奖惩措施甚至制度，以此来规范财务人员的行为，促使他们提高工作质量。

也就是说，对于积极工作，克勤克俭，严格按照公司制度和财经法律、法规的规定办事的正直、勤勉的财务人员，要给予与之付出相匹配的奖励；而对于工作怠慢、行为懒散、不认真、不仔细、不遵守公司制度和财经法律法规的不合格财务人员，要给予严厉的惩罚，甚至坚决辞退或拒绝聘用。从而，激励正直、勤勉的财务人员从保护公司经济利益和社会形象出发，积极主动地完成自己的工作，并为公司内部所有财务人员设置警戒，以防其做出财务舞弊行为，影响公司利益和声誉。

实务答疑

问：实务中如何区别津贴和补贴？

答： 津贴是一种补偿职工在特殊条件下的劳动消耗、生活费额外支出的工资补充形式，具有很强的针对性和强制性，只要劳动者符合发放津贴的条件，公司就必须无条件向职工发放津贴，如高温津贴、矿山井下津贴、野外矿工津贴、林区津贴、驻岛津贴和艰苦气象台站津贴等；补贴是为了补偿物价变动而设置的补偿，属于一种福利，没有法律法规作强制性规定，一般由公司自主决定是否发放，主要有生活费补贴和价格补贴等。

问：哪些岗位适合采用计件工资制？

答： 计件工资制指按照生产的合格品的数量或作业量和预先规定的计件单价来计算报酬的一种工资制度。由此可见，计件工资制主要适用于生产性企业中的生产工人。同理，一些廉价商品的销售公司，会对其销售人员的工资进行计件工资制，即卖出多少件商品，结合每件商品的提成，计算工资报酬。而对于一个订单包含的商品或服务的价值较大的情况，用计件工资制就显得不科学，比如房地产中介公司销售房产，一般以订单价值的一定比例提成作为工资的一部分。

第8章

摸索成本控制方法

　　成本控制是企业经营管理过程中的重要任务之一，只有控制好成本，才能提高企业的经营效益，帮助公司提升获利能力，从而提升市场竞争力。但是成本控制不是一件简单的事情，成本控制需要讲究方法，并不是一味地压低成本就是在控制成本。本章就来看看新公司应如何选择成本控制方法来有效控制经营成本。

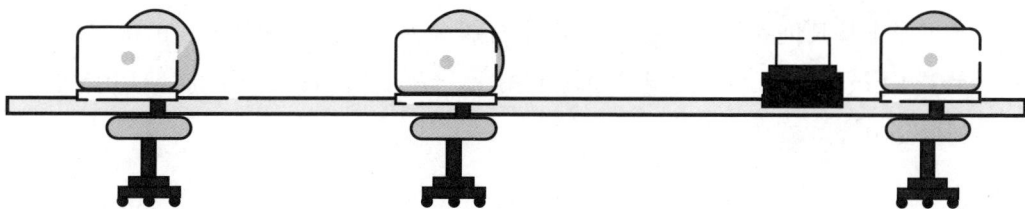

8.1 了解企业经营成本的流转过程

不同类型的企业，其经营成本的流转环节和过程是不同的，新公司应清楚这一点。这里所说的经营成本是指经营过程中各方面的成本总和。

对于生产性企业来说，它们从采购货物和聘用员工开始，就有了成本投入，紧接着流向产品，再由产品通过销售流入销售成本，在这一过程中，成本流向产品的环节，成本核算比较复杂，涉及费用、成本的归集与分配。下面用简单的图示概括生产性企业的经营成本流转过程，如图 8-1 所示。

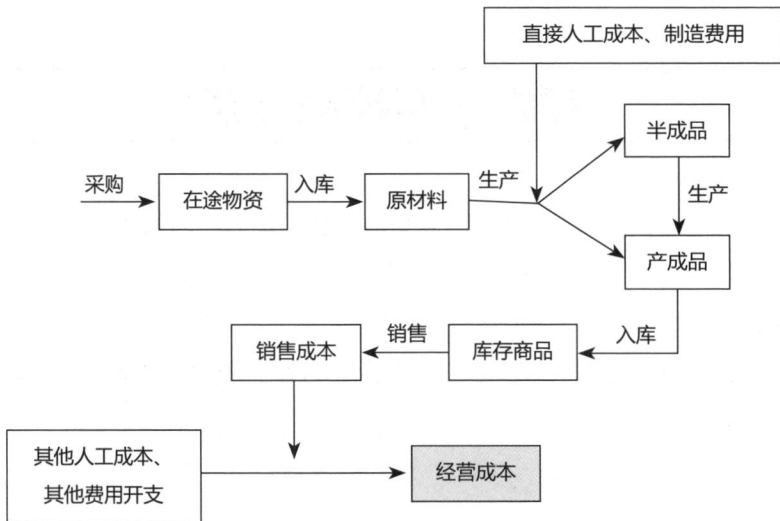

图 8-1 生产性企业经营成本流转过程

结合本书第 7 章 7.2.2 节的相关内容可知，上图中的"直接人工成本"主要指生产工人的工资，制造费用指生产车间管理人员工资以及生产车间机器设备和其他固定资产的修理费和折旧费，以及发生的水电费等。其他人工成本和其他费用开支主要指企业内部除生产部门外的其他职能部门的员工工资、办公费用、水电费用、固定资产折旧费用、员工差旅费和借款利息支出等。

商品流通企业的经营成本流转要比生产性企业的稍微简单一些，它不涉及原材料采购和原材料加工成产品的过程；除此以外，成本的其他流转环节大同小异，大致如图 8-2 所示。

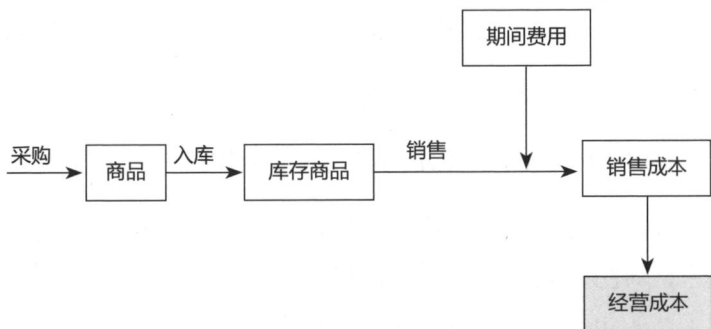

图 8-2　商品流通企业经营成本流转过程

图 8-2 中的"期间费用"指企业内部各职能部门的员工工资、办公费用、水电费用、固定资产折旧费用、员工差旅费和借款利息支出等。

无论是生产性企业，还是商品流通企业，其经营成本的流转在完成一个过程后，又会利用经营收入进行投入，开始下一个经营成本的流转过程。

8.2　采购环节的成本控制

采购环节的成本主要是所采购物资或商品的价值，要控制这一环节的成本，不仅要控制购入的物资或商品的价值，更重要的是防止采购人员从中获取私利，所以要编制采购计划，以控制采购环节的不必要支出为主要手段，尽可能地降低采购成本。

注意，该环节在控制成本时，要杜绝盲目采购价格低廉的物资，规避采购劣残次货物。

8.2.1 想办法防止采购人员谋取私利

现实中，采购人员利用职务之便在采购活动中谋取私利的事情屡见不鲜，这就会直接影响企业的经济利益，所以，企业必须采取积极有效的措施防止采购人员从采购活动中谋取私利。那么，常用方法主要有哪些呢？主要有以下几种：

（1）安排两个或两个以上采购员共同采购物料

企业安排两个或两个以上采购员共同采购物料，可以使他们形成相互监督的关系，对防止采购人员谋取私利有一定的作用，但是，如果被安排负责采购工作的员工之间串通一气，互相获利，也有可能使企业无法规避采购人员谋取私利的情况。因此，在安排采购人员时，具体人员的选择至关重要，这就要求采购部领导根据实情进行考量选择了。

（2）大宗采购或重要部件的采购由集体决策

大宗采购，是指以低价获得大量产品的一类购买活动，其特点是供需两大，价格偏低。由于大宗采购具有的这些特点，因此大宗采购过程中很容易有"吃回扣"的空间。实务中，"吃回扣"主要指采购人员私下与原材料或物资销售方协商，名义上以某一个价格将原材料或物资卖给买方企业，而卖方从买方支付的商品款项中按一定比例支付给买方企业的采购人员。

而重要部件的采购其中一个特点是价格波动可能会很大，因此重要部件的采购过程中也有可能存在"吃回扣"的情况。

所以，为了避免采购人员在这两类采购活动中谋取私利，企业可以规定这两类采购活动的具体采购细节由采购部门人员集体决定，以使采购过程尽可能地透明化、清晰化和规范化。

（3）采购的关键岗位要实行定期换岗

对采购的关键岗位实行定期换岗，主要是定期调整工作岗位和内容，这样可防止同一名采购人员与供应商之间形成密切关系，从而发生一些对企业发展不利的事情。

为了规避采购人员在采购活动中谋取私利，企业应采取以下措施：

（4）发现谋取私利的情况要严厉处罚

企业一旦发现采购人员谋取私利，轻则可以扣罚工资，重则可以进行大额的罚款，以示警诫，这样可以让存有私心的采购人员感觉谋取私利会得不偿失，从而降低舞弊发生的可能性。

（5）对采购人员的采购工作进行适当监督

完全放任采购人员自行安排采购活动，就可能给存有私心的人提供谋取私利的空间，所以企业可以定期对采购人员的采购工作进行检查，以达到监督的目的。

（6）规定采购时要货比三家

企业在采购管理制度中，应明确规定采购人员开展具体的采购活动时要货比三家，从价格和质量等方面进行综合比较，最终选择价格相对实惠而质量好的物资，这样就能避免采购人员因想要谋取私利而不顾产品质量去选择价格低廉的产品，或者以购入高质量产品为借口而一味地购入价格高昂的产品。

（7）制定严格且完善的采购管理制度

制定完善的采购管理制度，严格明确适合企业发展实情的采购程序，分散采购的决策权限，这样可降低采购人员"吃回扣"的概率。

（8）与采购人员另外签订关于"吃回扣"问题的处理协议

企业与采购人员另外签订关于"吃回扣"问题的处理协议，是最直接、有效地防止采购人员吃回扣的办法。协议中对"吃回扣"现象和其他违规现象进行明确约定，若采购人员发生违规行为，将计入个人诚信记录，后期将对其工作权限进行必要的限制。

8.2.2　组织采购人员制订采购计划

对企业来说，组织采购人员在采购前制订具体的采购计划，也是防止采购人员从中获取私利的有效措施，同时也能更好地控制采购成本。

采购计划是企业管理人员在了解市场供求情况、认识企业生产经营活动过程和掌握物料消耗规律的基础上，对计划期内物料采购管理活动所做的预见性安排和部署。采购计划应根据生产部门或其他使用部门的计划，确定采购物料、采购数量和需求日期等内容。

采购计划属于生产——销售计划中的一部分，通常以销售部门的销售计划为依据进行确定。采购计划的编制一般按照如图8-3所示的流程进行。

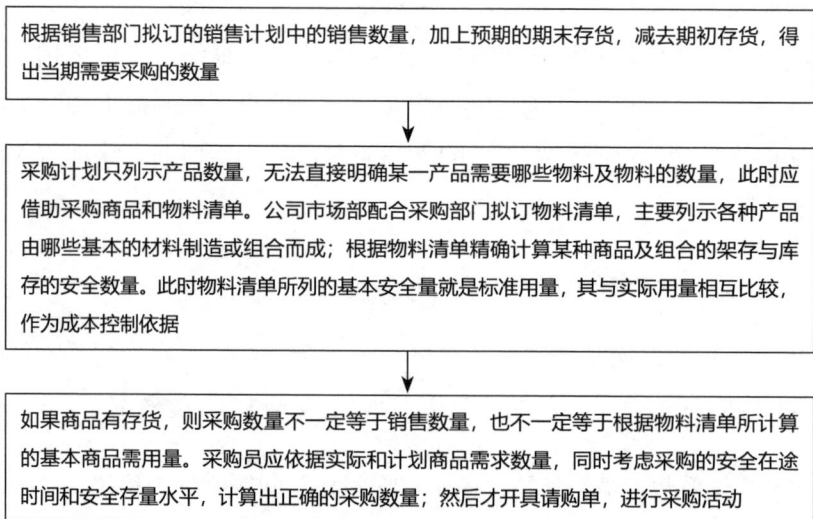

根据销售部门拟订的销售计划中的销售数量，加上预期的期末存货，减去期初存货，得出当期需要采购的数量

采购计划只列示产品数量，无法直接明确某一产品需要哪些物料及物料的数量，此时应借助采购商品和物料清单。公司市场部配合采购部门拟订物料清单，主要列示各种产品由哪些基本的材料制造或组合而成；根据物料清单精确计算某种商品及组合的架存与库存的安全数量。此时物料清单所列的基本安全量就是标准用量，其与实际用量相互比较，作为成本控制依据

如果商品有存货，则采购数量不一定等于销售数量，也不一定等于根据物料清单所计算的基本商品需用量。采购员应依据实际和计划商品需求数量，同时考虑采购的安全在途时间和安全存量水平，计算出正确的采购数量；然后才开具请购单，进行采购活动

图8-3　采购计划的编制流程

那么，在编制采购计划时有没有需要注意的问题呢？答案是有，大致包括如下一些问题和细节：

- 采购的物资、设备、工程或服务的规模和数量，以及具体的产品型号、技术规范与规格、使用性能要求等。
- 采购时具体划分几个阶段或步骤，哪些安排在前，哪些安排在后，要对每批次货物或工程从准备到交货或竣工需要多长时间做出安排。
- 要以重要的控制日期绘制横条图或类似图表，如开标、签约日、发货日、交货日和入库日等，并应定期予以修订。
- 货物和工程采购中的衔接问题。
- 如何进行分包、分段，分几个包、几个合同段，每个包或每个合同段中包含哪些具体工程或货物品目等。

如图 8-4 所示的是某公司制订的采购计划书。

采购计划书

随着公司行业竞争力的不断走强，公司业务发展对公司采购管理工作和业务技能提出了更高的要求。为了使采购部能适应公司发展的需要，现对20××年采购工作做如下规划：

一、年度采购计划

采购总价值××元，价格含税额。

二、目标计划

1. 适时

原辅材料以物控计划为准，要求及时准确到货，保证供货的及时性，确保无断料情况发生。

2. 适价

①原材料方面在保证质量的前提下，经与兄弟公司分析比较不得有高价项发生（确属区域差异除外）。

②零星物料总体采购价格在 20××年均价的基础上下降 3%(新的绩效目标出来之前暂以××年均价为比较)，同时单体物料经与兄弟公司比较，不得有价高 8%的采购动作发生。

3. 适量

原材料、零星物料按申购要求适量到货，每批次数量不短货，不超计划来料。

4. 适质

按申购要求保证所购物料的质量，不购质量差、影响生产的物料。

三、达成措施

1. 适时

①加强供应商评审工作，确保我司选择的每一个材料供应商都具备百分之百的保供能力。

②开发供应渠道，改变某些材料只有单一供应商的现状，20××年着重开拓带钢、砂、石的供应商，同时维持好减水剂、端头板、烟煤目前两家供方共同供应的良性竞争局面。

③针对某些特殊时期易造成供应紧张的材料，发掘潜在的供应商及新的供应方式，例如水泥方面，预计受节能减排及拉闸限电影响，20××年水泥市场仍维持供不应求的局面，计划开发炼石及台泥以外的本地水泥生产制造企业，支持鼓励开发 52.2 水泥，并建立长期稳定的供应关系，同时评估建立水泥卸货码头以海运方式导入异地水泥的可行性。

④提高采购员认识，视供应商为我司的材料仓库，实时了解其库存情况及生产进度，将事后的跟催转化为事中的稽催，以保证供货的及时性。

⑤属于异地采购的，做好本地供应商开发，避免因不可控的长途运输时间造成生产中断。

2. 适价

①综合全面地评估供应商后进行等级划分，加大采购量，以量为筹码进行议价。

②前瞻分析材料行情走势，适时签订长期的定价供应协议，以减少行情上涨带来的成本压力。

图 8-4　某公司采购计划书

③导入良性的竞争，促使供应商不断优化成本提升产品优势。

④与××公司联合较大批量采购拉丝线材，同时开发更具竞争力的物流公司承运，以减少钢材南北价格差距大时带来的高成本压力。

⑤及时准确地预测钢材价格走势，做好公司内部沟通、灵活机动地调整钢材采购方式利用每一次钢价波动降低采购的成本。

⑥计划20××年深入了解钢材期货，利用公司用量稳定、资金维厚且钢价信息广的优势节约成本。

⑦零星物料方面，合理利用兄弟公司的采购信息，积极地与生产部开发替代品减低成本，同时分析财务部每个月的价格比较情况，将降幅不理想且批次金额大于1000元的物料逐一列出，作为实时的重点关注对象，由部门经理参与采购，通过谈判及更换供应商的方式达成降价目标。

⑧继续维持现有的成熟的采购程序。

3.流量及适质

严格按照物控部《原材料申购计划》采购到货，在材料价格波动平稳且不影响生产的前提下减少库存积压，做到库存最适化；严把零星物料数量关，争取做到采购数量准确率100%、短货误差件数为零，软件计量及累积量的误差控制在±0.3%内，有效运行ISO9000质量体系管理程序，确保每一批次的材料供应均由我司合格方供应，同时依照相关部门提供的性价比数据不断筛选产品及供应商。

四、部门管理

1.重新评估部门奖惩方案，对部门员工拟定合理的能起到激励作用的奖惩方案。

2.按采购员优势特长安排工作内容，暂计划设主材采购员及对账、本地零星物料采购员、异地零星及车队物料采购员共3名，目前人员配备合理，特长明显，计划下半年进行适当的轮调，以完善各人员的业务能力。

3.车队物料采购工作作为20××年第一季度的主要工作，短期内以了解学习为主，正式的车队采购计划（包括流程及权限的设定）于20××年第一季度出台。

4.设定采购员周、月工作汇总表，特别是车队采购工作的信息反馈，并以此作为下一时期的工作设定依据。

5.每月4号前部门内部进行一次沟通会议，讨论采购工作中的心得体会，各采购员要相互分享，不断提升业务能力。

采购部在20××年度将根据公司的发展要求，在×总的带领下开拓创新、扎实努力地完成每一个目标。

图8-4　某公司采购计划书（续）

8.2.3　按需选择合适的供应商

供应商的选择对企业控制采购成本来说也是关键，而且如果与供应商有长期合作关系，还可能享受采购价格优惠，节约成本。那么企业在选择供应商时，主要考虑哪些因素呢？大致包括供应商企业的业绩、业务结构、生产能力、质量系统以及企业环境等。

这么说很笼统，下面具体说明优质供应商所应具备的特点。

（1）不仅专注于工厂，还关注市场

好的供应商不仅专注于自己的工厂建设和生产活动，还会关注市场，即工厂以外的环境。好的供应商会看市场的动向，如什么产品流行、需要生产什么样的产品等，而不只是将精力花在知道生产产品并把产品卖掉就行了。

（2）坚持自己的定位和选择

好的供应商会坚持自己的定位和选择，一旦与某家企业或某一行业的

企业建立了供销关系，就会专注于这家公司或这一行业企业的业务，专门为这些公司推广和营销他们的原材料或产品。

好的供应商不会因为客户需求的突然变化或市场行情的突然变化而立即改变其销售渠道，也不会轻易变动价格。

（3）更关注自身现金流和利润

好的供应商会非常关注自己的现金流和利润情况，能很好地控制自身企业的规模。他们更关注公司的长远发展，而不会盲目地追求大客户，因为很多时候大客户能给他们带去的利润非常微薄，反而中小规模的订单利润空间更大。

所以，能够将关注重点放在现金流和利润上的供应商，说明他们更关注实质盈利情况，目标明确，这样的供应商对企业来说也是有益的。

无论是哪一个特点，作为优质供应商，立足根本还是产品质量，这也是企业选择供应商时需要重点关注的因素。

除此以外，企业还应该沿用投资理财"不要把鸡蛋放在一个篮子里"的观念，杜绝只依靠一个供应商或一个大供应商的情况。因为如果一旦这唯一的一个供应商或唯一的一个大供应商的经营状态不佳，就可能影响企业的物资采购，从而影响生产进度，最终会导致订单无法按时交货，甚至连生产都无法开展的困境。

实际工作中，企业对供应商的选择存在很多主观性，而为了尽可能弱化这些主观性带来的供应商选择失误的可能性，企业需要明确选择供应商的一般步骤：

第一步，分析市场竞争环境。根据企业的客户需求，确定产品需求、产品类型和特征等，综合分析供应商的现状，从而针对相应的产品市场，开发供应链合作关系。

第二步，建立供应商选择目标。企业要确定供应商评价程序如何实施，信息流如何流转等，建立符合实际且可操作的目标，如降低成本是必不可少的，将符合企业采购要求的供应商信息进行归集、整理，以备后续筛选。

第三步，建立供应商评价标准。供应商综合评价的指标体系是企业对供应商进行综合评价的依据和标准，主要涉及供应商的业绩、设备管理、人力资源开发、质量控制、成本控制、技术开发、用户满意度和交货协议等，可从这些方面对前述供应商进行评价。

第四步，建立评价小组。企业应建立一个小组来控制和实施供应商评价工作，该评价小组必须同时获得企业客户和供应商最高领导层的认可。

第五步，初步选定供应商。企业的评价小组根据供应商评价标准，对备选供应商进行初步筛选。

第六步，邀请供应商参与。企业与初步选定的供应商取得联系，以确认他们是否愿意与企业建立合作关系，是否有获得更高业绩水平的愿望等。如果条件允许，企业应尽可能早地让供应商参与到供应商评价标准的设计过程中。需要注意的是，这里邀请的供应商数量不宜过多，以免发生很难抉择的窘境。

第七步，评价选定的供应商。企业调查和收集有关供应商生产运作等全方位的信息，利用一定工具和技术方法对供应商进行再次评价。如果最终选定了供应商，则开始建立合作关系；如果没有选定供应商，则返回第三步重新开始评价选择。

第八步，建立和维护合作关系。在建立和维护合作关系的过程中，市场需求在不断变化，企业要根据实际情况及时修改供应商评价标准，或者重新开始供应商的评价选择。企业在重新选择供应商时，应给予原来供应商足够的时间适应合作关系的改变。

8.3 生产环节减少浪费

生产环节是生产性企业独有的一个经营环节，在该环节中，需要领用采购环节购入的材料、物资完成生产任务，而在生产产品的过程中，难免会浪费一些材料或物资，只要在自然损耗范围内，都是正常的。那么，如何在生产环节控制成本呢？产品生产必然耗费材料、物资，不能缺件少料，那就只能减少浪费了。

8.3.1 选择合适的存货计价方法

存货计价方法是一种企业会计账务处理方法，选择不同的存货计价方法将会导致不同的报告利润和存货估价，并对企业的税收负担和现金流量都会产生影响，因此，存货计价方法的选择是制定企业会计政策的一项重要内容。

我国《企业会计准则》规定："各种存货发出时，企业可以根据实际情况，选择使用先进先出法、加权平均法、移动加权平均法、个别计价法等方法确定其实际成本。"而且最新的存货准则取消了存货计价方法中的后进先出法。那么这些方法的区别究竟在哪儿呢？下面通过这些方法的含义来了解，具体见表8-1。

表8-1 四种存货计价方法的含义

存货计价方法	含 义
先进先出法	先进先出法指假定先收到的存货先发出或先收到的存货先耗用，并根据这种假定的存货流转次序来对发出存货和期末存货进行计价的一种方法
加权平均法	加权平均法是根据期初存货结余和本期收入存货的数量，以及进价成本，期末一次计算存货的本月加权平均单价，将该加权平均单价作为计算本期发出存货成本和期末结存存货价值的单价，以计算出本期发出存货成本和结存存货价值的一种方法

续表

存货计价方法	含 义
移动加权平均法	移动加权平均法是指每次收货后，立即根据库存存货数量和总成本，计算出新的平均单价或成本的一种方法
个别计价法	个别计价法指将每次（批）购入存货的实际成本作为计算各次（批）发出存货成本的依据的一种方法

为了能选择出适合企业会计处理规定的存货计价方法，企业财会人员就需要对这些存货计价方法的具体操作有所了解。

（1）先进先出法

采用先进先出法这一存货计价方法时，先购入的存货成本在后购入的存货成本之前转出，以此来确定发出存货和期末存货的成本，具体操作是：购入存货时，逐笔登记入库存货的数量、单价和金额；发出存货时，按照先进先出的原则，逐笔登记存货的发出成本和结存金额。

由于先进先出法可随时结转存货发出成本，但计算过程较烦琐，所以适合存货收发业务较少或单一的企业。对于存货收发业务较多且存货单价不稳定的情况，该方法会给员工带来较大的工作量，且核算可能出错。

这里为什么说存货单价不稳定的情况不适用先进先出法呢？因为在物价持续上升时，期末存货成本接近于市价，而发出成本偏低，这样就会导致企业高估自身当期的利润和库存存货的价值；反之，物价持续下降时，期末存货成本也接近于市价，而发出成本偏高，这样就会导致企业低估自身当期的利润和库存存货的价值。所以物价比较稳定的存货才适合先进先出法的存货计价方法。

（2）加权平均法

根据前述表格中对加权平均法的含义解说可概括出如下计算公式：

本月存货加权平均单价 =（期初存货结余总额 + 本期购入存货数量 × 进价）÷（期初存货结余数量 + 本期购入存货数量）

本月发出存货成本 = 本月发出存货数量 × 本月存货加权平均单价

本月结存存货价值 = 本月结存存货数量 × 本月存货加权平均单价

上述计算公式就反映了加权平均法的具体操作，即在月末时先统计出期初存货结余金额与本期购入存货的价值之和；再用所有存货的价值除以所有存货数量，从而得到本期存货的加权平均单价；最后根据加权平均单价和发出存货的数量，计算出本期发出存货的成本，从而算出本期结存存货的价值。

该方法简单易行，工作量也不会很大，适合很多企业使用。

（3）移动加权平均法

移动加权平均法在使用时过程稍显复杂，先要计算出本次购进存货后所有存货的价值（即成本），然后统计本次购进存货后所有存货的数量，接着计算出本次购进存货后的存货单位成本，最后再根据算出的该存货单位成本与本次发出存货的数量，计算出本次发出存货的成本，相应地算出发出存货后的结存存货的价值，涉及的计算公式有如下一些：

本次购进存货后的存货总成本 = 期初存货成本 + 本次购进存货成本

本次购进存货后的存货总数量 = 期初存货数量 + 本次购进存货数量

购进存货后的存货单位成本 = 本次购进存货后的存货总成本 ÷ 本次购进存货后的存货总数量

本次发出存货成本 = 本次发出存货的数量 × 本次发货前存货的单位成本（即发货前、购进后的存货单位成本）

本期期末结存存货成本 = 本期期末结存存货数量 × 本期期末存货单位成本

该方法的计算比较复杂，因此不适合频繁购进存货的企业。

（4）个别计价法

个别计价法也称个别认定法或分批实际法，采用这一方法是基于存货具体项目的实物流转与成本流转相一致的假定基础上。按照各种存货逐一辨认发出存货和期末存货所属的购进批别或生产批别，分别按其购入或生产时确定的单位成本计算各批次发出存货和期末存货成本。

这种方法将每一种存货的实际成本作为计算发出存货成本和期末存货成本的基础，成本计算准确，符合实际情况，但如果企业的存货收发频繁，则发出存货的成本分辨工作量就特别大，也不利于核算，所以该方法通常适用于一般不能替代使用的存货、为特定项目专门购入或制造的存货，以及提供的劳务。另外，珠宝、玉石和名画等贵重物品的成本核算也适合个别计价法这一存货计价方法。

市场中的各企业可根据自身实际情况，选择一种合适的存货计价方法。需要注意的是，存货计价方法一经确定，不得随意变更，若确实需要变更，应上报公司领导，并在财务报告中作出关于存货计价方法变更的详细说明。

由此可见，存货计价方法的选择是从控制成本的角度入手，节约生产环节的成本。

8.3.2 建立严格的材料领用制度

领用材料对生产性企业来说是直接材料成本从采购环节流入生产环节的第一步，如果领用的材料超过了生产所需的量，则在生产领用过程中就很有可能造成材料浪费。当然，领用量不足生产所需的量，就会影响生产进度，可能使生产流程脱节。因此，企业有必要建立材料领用制度，严格控制材料的收、发、存，减少材料浪费，有效控制成本。

如图 8-5 所示是某公司制定的材料领用管理制度的部分内容。

材料领用管理制度

为了加强车间材料使用管理，降低材料消耗，特制定本制度。

一、各部门领用物料必须填制领料单，领料人、发料人、审批人签字确认，缺一不可；领料单实行两级审核制，材料必须经组长以上人员领取，组长领用，主管按当日生产安排量进行领用数量审核。领用人、审核人员对领用数量负责；组长不能过量申报领用数量，组长领用材料应有计划进行。车间使用材料时应运用科学方法，杜绝浪费，若领用数量过量，由主管负责，员工在使用过程中造成的浪费，由员工赔偿。车间领用材料必须注明生产计划单号，库管员做好记录，便于查询。领料单必须一式两份，红色用作库房记账，绿色交财务部审核。

二、仓库管理人员应严格按照先办理出库手续后发货的程序，严禁先出货后补手续，严禁白条发货。

三、各种物资材料的外售必须由销售部，并按原价上浮10%开销售单价，经部门主管审批，财务审核后方可领取。外售、报废等材料库管员应上报主管、财务，库管员不得私自处理。

四、属于保修领用的材料一律由销售部填制领料单，注明详细原因以及发往单位或客户名，经部门主管以上人员审批后方可领取。

五、维护材料领用由设备管理部门填制领料单，经机电主任及以上人员审批后方可领取。

六、工具类的领用，全额扣款的可直接在材料库开单领用，扣款一半或不扣款的经相关部门主管审核后方可领取，不扣款和扣半的，工具库管员应做登记，归口管理。

七、生产车间领用原材料，采用限额领料单，由车间主管审核领料单。

必须有计划领取材料，车间填制领料单时需注明生产计划单号，库管员根据领用数据或批次做好记录，便于查询。对于计划单号重复的领料单领取同样材料的，库房不得发料。部分无定额特殊材料需以旧换新或用完后的器具换领（如打包带、白乳胶、拼板胶、维修用料、清洁用具等），领用时应注意领用数量，员工应科学地使用材料，杜绝浪费。

八、补件组领用原材料，必须单上注明客户名称以及保修单号或补件单号，经主管部门审批后方可领取。在生产过程中的补件、返工件应经品管出具返工单，300元以下的品管签字、车间主管签字、计划经理签字方可发放；超过300元的在这些人员签字的基础上还要由生产总监签字，由车间主管提交总经理签字后方可发放。

九、管理人员领用劳保用品，一律按照行政制定的《劳保用品发放条例》执行，领用时从物控处填制领料单，经主管审核；超出《劳保用品发放条例》范围的领用，直接在材料库填制领料单，月底由库管员统计，并报人力资源部核算，在当月工资中扣除。

十、生产车间同领用劳保用品、低值易耗品（除设计部物料表上的物料外）的，可直接在材料库填制领料单，月底由库管员统计，并报财务部核算，在当月工资中扣除。

十一、任何单位或个人不得借用库房所有物品（特殊情况或经总经理批准除外）。

十二、车间领料若发现异常情况，库管员应在第一时间报告有关领导。

十三、库房主管要经常到车间检查材料使用情况是否正常，每周给领导汇报一次。

图 8-5 某公司的材料领用管理制度（部分）

从上述材料领用管理制度可以知道，企业制定了材料领用管理制度后，实务中要有领料单或限额领料单配合使用，同时各负责人要在自己的职责权限内签字确认、审批，同时做好材料领用、返库以及具体用途等的记录，防止材料"不翼而飞"。

企业在建立材料领用管理制度时，要将所有可能涉及领用材料的情况进行说明，并对应地将负责人和签字审核或审批人员进行明确，对不同的领用材料情况进行流程和操作的说明，确保材料的使用和管理井然有序。

8.3.3 定期做好存货清查工作

存货清查工作属于企业财产清查工作的一部分，主要是对存货进行实地盘点，确定存货的实有数量，并与账面结存数进行核对，从而确定存货实存数与账面结存数是否相符的一种专门方法。

无论是生产性企业，还是商品流通企业，其生产经营过程很可能涉及存货种类繁多或收发频繁的情况，所以在日常收发过程中也很可能发生计量错误、计算错误和自然耗损，还可能发生损坏、变质以及贪污、盗窃等情况，造成存货账实不符，形成存货盘盈或盘亏。

无论存货的清查盘点结果如何，都应该填写存货盘点报告，对于盘盈或盘亏的存货要及时查明原因，按照规定程序报批处理。

存货清查的方法按照清查对象和范围的不同，可分为全面清查和局部清查；按照清查时间不同，可分为定期清查和不定期清查。实务中，企业可结合两种或两种以上的清查方法对存货进行清查盘点。下面从存货清查的各个方面来认识这一财务管理活动。

（1）存货清查注意事项

存货清查是检查存货的储存保管情况，确定存货账实是否相符，落实存货保管责任的一种主要手段，因此在清查盘点过程中需要特别注意以下问题：

◆ 每年在编制年度会计报表前，必须对存货进行一次全面清查。

◆ 应在年内结合企业实际情况进行定期或不定期的轮流或重点清查，以加强内部控制。

◆ 除了要进行实物盘点、账实核对外，还应注意存货的质量和储存情况。

（2）存货清查的账务处理

为了如实反映和监督企业在存货清查中查明的各种存货的盘盈、盘亏和毁损情况，企业应设置"待处理财产损溢"科目，借方登记存货的盘亏、毁损金额以及盘盈的转销金额，贷方登记存货的盘盈金额以及盘亏的转销金额。

企业清查的各种存货的损溢，应在期末结账前转销完毕，转销后"待处理财产损溢"科目应无余额。

而存货的盘盈及盘亏在账务处理上是不同的。盘盈的存货，按管理权限报经批准后，计入"管理费用"科目核算，冲减企业当期的管理费用。盘亏的存货，按管理权限报经批准后，分情况处理净损失，属于一般经营损失的部分，计入"管理费用"科目核算，确认企业当期的管理费用；属于非常损失的部分，计入"营业外支出"科目核算。

📎 知识贴士 什么是非常损失

非常损失是由于非常事故引起的各项损失，如因遭受火灾、水灾、风灾等发生的流动资产和固定资产的毁损，造成的停工损失或善后清理费用等。注意，非常损失要与非正常损失区分开来，非正常损失是指因不可抗力造成的损失，主要指因遭受自然灾害而形成的损失。

至于存货清查的流程，可直接参考本书第 6 章 6.2.2 和 6.2.3 节的相关内容，因为存货清查和现金清查都采用实地盘点法，所以清查流程相似。

做好存货的清查工作，可有效防止存货浪费、变质和毁损，同时还能及时了解存货的收、发、存情况，从而利于相关管理者根据实际生产和销售情况，以及市场需求等，做好最佳存货持有量的调整，减少存货管理成本、机会成本或短缺成本。

8.4 管理活动中做好成本管控

这里的管理活动是指除了采购活动、生产活动和销售活动以外的其他活动的总和，所以管理活动实际上是贯穿于所有经济活动中的，可能与采购活动、生产活动或者销售活动同时发生。通俗点讲，管理活动就是企业各个方面的"打杂"活动。

由于管理活动的范围较广，成本费用多且杂，很容易形成浪费，因此是成本管控的重中之重。新公司为了长远发展，更要做好成本管控。

8.4.1 做好财务预算工作

要想做好管理活动中的成本管控，可事先编制预算，以约束企业管理活动中的各项开支。从专业的角度来说，财务预算包括资金预算、预计利润表和预计资产负债表，但这里所说的财务预算，是指与企业财务管理活动有关的预算。

因为管理活动涉及各种期间费用的支出，因此，需要做好的是销售及管理费用预算和资金预算。资金预算专门反映预算期内预计现金收入和现金支出，以及为满足理想现金余额而进行筹资或归还借款等的预算。

如图 8-6 所示是销售及管理费用预算的一般表格样式。

如图 8-7 所示是资金预算的一般表格样式。

销售及管理费用预算	
	单位：元
项目	金额
销售费用	
销售人员工资	
广告费	
包装费、运输费	
保管费	
折旧	
管理费用	
管理人员工资	
福利费	
保险费	
办公费	
折旧	
合计	
减：折旧	
每季度支付现金	

图 8-6　销售及管理费用预算表

需要注意的是，企业的预算编制工作是环环相扣的。资金预算的编制要以包括销售及管理费用预算在内的经营预算和专门决策预算为依据，换句话说，如果销售及管理费用预算、专门决策预算和其他经营预算没有编制完成，资金预算的编制就无法顺利进行。

而经营预算中，以销售预算为起点，然后根据销售预算编制生产预算，接着根据生产预算编制直接材料预算、直接人工预算和制造费用预算，最后编制产品成本预算。通常来说，在编制资金预算时，除了产品成本预算的数据用不到，其他预算中的数据都可能涉及，所以资金预算是企业编制预算工作中的重难点。

企业以销售预算为基础，层层递进，按需预算，可有效控制成本，避免资源浪费，实现成本管控的目的。

资金预算					单位：元
项目	第1季度	第2季度	第3季度	第4季度	全年
期初现金余额					
加：现金收入					
可供使用现金					
减：现金支出					
直接材料					
直接人工					
制造费用					
销售及管理费用					
所得税费用					
购买设备					
股利					
现金支出合计					
现金余缺					
现金筹措与运用：					
借入长期借款					
取得短期借款					
归还短期借款					
短期借款利息（年利率×%）					
长期借款利息（年利率×%）					
期末现金余额					

图 8-7　资金预算表

8.4.2　实时监控大额支出

对企业来说，生产经营过程中发生的大额支出都应引起重点关注。如果是正常的采购物资、材料或设备所发生的大额支出，一般没有太大问题，后续无须做过多干预。但如果发现大额支出不正常，就要引起重视，必须查明发生大额支出的原因以及这些大额支出的具体用途。

从市场中企业以往的大额支出情况来看，需要引起企业财务管理人员以及经营者和决策者注意的大额支出大多数是大额非经营性资金支出，常见的有如下一些：

◆ 上市公司为大股东及其附属企业垫付的工资、福利、保险、广告等费用和其他支出。

◆ 代大股东或大出资者及其附属企业偿还债务而支付的资金。

◆ 有偿或无偿、直接或间接拆借给大股东或大出资者及其附属企业的资金。

◆ 为大股东或大出资者及其附属企业承担担保责任而形成的债权。

◆ 其他在没有商品和劳务对价情况下提供给大股东或大出资者及其附属企业使用的资金。

无论是上述这些大额非经营性资金支出，还是企业发生的其他大额非经营性资金支出，由于它们的"非经营性"，同时又是"大额支出"，因此需要格外留意这些大额支出的具体情况，如用作什么、是否合理、金额是否过大，等等。那么，究竟多少金额属于大额支出呢？不同的情况标准不同，金融机构对大额支出的规定一般如下：

◆ 公对公账户100万元以上的单笔转账。

◆ 20万元以上的单笔现金收付。

◆ 私对私、公对私之间20万元以上的款项划转。

大额支出一旦不合理，就可能给企业造成重大损失，所以需要监控大额支出。监控时，通常按照中国人民银行从2007年3月1日开始施行的《人民币大额和可疑支付交易报告管理办法》(中国人民银行令〔2006〕年第2号)执行，同时结合由国务院发布的《现金管理暂行条例》的规定。

实务中，要求出纳人员在与银行对接工作时，留心大额支出，并要求出纳人员具备较强的警惕意识，能够第一时间发现大额支出存在的问题，并上报给公司领导。财会人员也需要有同样的能力去判断大额支出是否存在问题，因为如果出纳人员没有及时发现大额支出问题，则财会人员在记账时还可以把关。而企业总经理以及其他领导者也应该对大额支出有深刻的了解，保证能在查看公司财务报表时找出大额支出并判断是否存在问题，这也是最后关卡，如果没有发现而被审计人员查出，将承担严重后果。

8.4.3 及时收回应收款项避免坏账损失

有些企业为了促进销售，或多或少会采用赊销方式进行销售，这样就会产生应收账款，时间一长，有些应收账款可能收不回来，这对销售方企业来说，就是白白损失这部分收入，侧面表现为企业经营成本的增加，因为售出同样的产品或服务，实际得到的收入减少了，而白白损失的这部分收入我们在会计上称为"坏账损失"。

为了避免产生坏账损失，公司就需要及时收回应收账款，以及其他一些应收款。那么，如何做到"及时"呢？实际工作中可借助应收账款账龄分析表，如图8-8所示。

应收账款账龄分析表

当前日期：   单位：元

开票日期	客户名称	应收金额	已收款金额	未收款金额	收款期	到期日期	是否到期	未到期金额	0～30天	31～60天	61～90天	90天以上	合计	百分比
合计														

图 8-8 应收账款账龄分析表

通过应收账款账龄分析表，财会人员即可快速查看哪些款项快要到期，然后安排专业的催收人员对客户进行款项催收，以保证应收账款及时收回，减小产生坏账的可能性。

催收人员在催收账款的过程中也要注重方法和技巧，否则账款也很可能收不回来，下面介绍一些技巧和方法。

（1）催收之前要明确欠款客户拖欠原因

催收人员在对欠款客户进行催收之前，要先了解其拖欠账款的原因，看是过于粗心忘了时间，还是对产品不满意？是资金紧张，还是不想付款？只有先弄清楚欠款客户欠款的真正原因，才能对症下药，采取不同的催收策略进行催收，这样催收效率会更高。

（2）目的明确，避免拐弯抹角

催收人员在与欠款方接洽时，要直截了当地说明来意，并根据合同规定向欠款方说明情况，突出催收的合理、合规性，让欠款方明白此次催收是坚定的，不容延后的，也让欠款方不好意思拒绝付款。如果拐弯抹角，就很可能让欠款方钻空子，找到契机不付款。

（3）不要过分同情客户的难处

在客户以自己的难处来取得我们的同情时，我们要分辨他的难处是否可以想办法解决，如果可以，则不需要过分同情，此时可以反将公司的难处向客户表达，让客户理解并情愿付款。

（4）避免应客户的要求延长付款期限

很多时候客户在催收过程中会承诺付款，但要求公司给予更长的付款期限，也就是延期，这时催收人员一定要坚持，不能轻易答应延期，因为根据实践经验来看，延期过一次，就很可能有第二次、第三次，对企业来说就会迟迟收不回货款，增加资金的机会成本。

（5）针对同一欠款人要掌握好催收频率

对于同一个欠款客户，催收人员要掌握好催收频率，过于频繁会引起欠款客户的不满，从而给收回应收账款增加障碍；过于宽松对企业也不好，欠款客户会觉得公司好说话，从而一拖再拖不付款。一般来说，一周一二次为宜。

掌握了催收技巧和方法，结合应收账款账龄分析结果，就可以有针对性地进行催收工作，提高催收效率，及时收回款项，减少坏账损失，相应地减少资金的机会成本。

8.4.4　定期实施固定资产清查

企业实施固定资产清查时，同样适用实地盘点法，且应定期或至少每年年末对固定资产进行清查盘点，以保证固定资产核算的真实性，充分挖掘企业现有固定资产的潜力。

在清查盘点固定资产时，无论结果是盘盈还是盘亏，或者是账实相符，都应该填制固定资产盘点报告表。而清查固定资产的损溢，应及时查明原因，并按照规定程序报批处理。下面从固定资产的清查内容、程序以及账务处理等方面作详细介绍。

（1）固定资产清查内容

固定资产的清查范围主要包括六项，具体见表8-2。

表8-2 固定资产的清查范围

条目	清查范围
1	检查固定资产原值、待报废和提前报废固定资产的数额以及固定资产损失、待核销数额等，关注固定资产分类是否合理，详细了解固定资产使用状况等
2	检查对外出租的固定资产的相关租赁合同，检查各单位账面记录情况，检查是否已按合同规定收取租赁费
3	对临时借出、调拨转出但未履行调拨手续和未按规定手续批准转让出去的固定资产，要求各单位收回或补办手续
4	对清查出的各项账面盘盈、盘亏固定资产，要查明原因，分清工作责任，提出处理意见
5	检查房屋、车辆等产权证明原件并取得复印件，关注产权是否受到限制、抵押、担保等，检查取得的相关合同或协议
6	对批量购进的单位价值较低的固定资产，如果无法列示明细金额，应按加总数量清查核对实物，按总计金额填列固定资产清查明细表，并注明总数量

（2）固定资产清查程序

企业进行固定资产清查时，其主要程序有三个阶段，首先对本单位拥有的固定资产进行实物清点，并登记造册；然后将实物按品种、数量和型号等与固定资产账簿进行核对；最后按照管理权限上报有关情况，并根据批准处理意见进行账务处理。

（3）固定资产清理的账务处理

企业在清查固定资产过程中，在按管理权限报经批准处理前，应设置"以前年度损益调整"和"待处理财产损溢"科目进行核算，其中，"以前年度损益调整"科目用于固定资产盘盈的情况，"待处理财产损溢"科目用于固定资产盘亏的情况。

注意，固定资产若盘盈，会涉及企业所得税的补缴和留存收益的结转，也就是应核算应交企业所得税和应计提的盈余公积。而固定资产若盘亏，需要分情况处理，人为原因引起的盘亏，对应的固定资产进项税额要进行转出处理，而非人为原因引起的盘亏不做进项税额转出；盘亏的净损失一般计入企业当期的营业外支出，影响当期损益。

企业及时清查固定资产，可防止固定资产陈旧报废或者忘记入账，从而规范固定资产折旧的计提，为成本管控提供切入点。

实务答疑

问：销售活动中是否有控制成本的空间？

答： 企业在销售活动中，可以通过控制广告费和业务宣传费来控制成本，尽量减少没有必要的广告费支出和业务宣传费支出。

问：材料消耗定额在成本控制中起到什么作用？

答： 材料消耗定额指在节约和合理使用材料的条件下，生产单位生产合格产品所需要消耗一定品种规格的材料、半成品、配件、水、电和燃料等数量标准，包括材料的使用量和必要的工艺性损耗及废料数量。所以，材料消耗定额在成本控制中起到标杆和尺度的作用，如果生产领用材料的数量围绕材料消耗定额进行适当调整，可以减少材料的浪费现象。

第9章

了解税务筹划切入点与方法

合法、合规且合理的税务筹划能给企业减轻税收负担，从而提升企业的获利能力和市场竞争力，促进企业快速、稳定地发展，这对新公司尤为重要。要进行税务筹划，首先需要找准切入点和方法，只有切入点准确，方法得当，税务筹划才有效，才能真正为企业减轻税负而不违反法律法规。

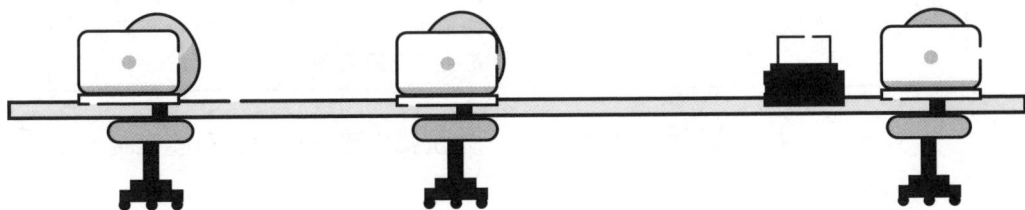

9.1 关于税务筹划要懂的知识

税务筹划指在税法规定的范围内，财务人员通过对经营、投资和理财等活动的事先筹划和安排，尽可能地降低企业税负的经济行为。本节先来了解税务筹划与偷逃税款的区别，以及税务筹划的主要方法、步骤和存在的风险。

9.1.1 明确税务筹划与偷逃税款的区别

税务筹划是在纳税行为发生之前，在不违反税法及其他相关法律、法规的前提下，通过对纳税主体（法人或自然人）的经营活动或投资行为等涉税事项做出事先安排，以达到少缴税或递延纳税目标的一系列谋划活动。

由此可见，税务筹划是在纳税行为发生之前进行的，而我们都知道，偷逃税款大多是纳税行为发生以后才发生，这也是税务筹划与偷逃税款在时间点上的不同。那么，究竟什么样的行为属于偷逃税呢？下面从两者的含义以及常见表现进行认识，具体见表 9-1。

表 9-1 偷逃税的含义及常见表现

行为	含　义	表　现
偷税	偷税指纳税人故意违反税收法规，采用欺骗、隐瞒等方式逃避纳税的违法行为	如为了少缴纳或不缴纳应纳税款，有意少报、瞒报应税项目、销售收入和经营利润；有意虚增成本、乱摊费用，缩小应税所得额；转移财产、收入和利润；伪造、涂改、销毁账册票据或记账凭证等
逃税	逃税指纳税人违反税法规定不缴或少缴税款的非法行为	如伪造、涂改、销毁账册票据或记账凭证；虚报、多报费用和成本，少报或不报应纳税所得额或收入额；隐匿财产或采用不正当手段骗回已纳税款等

从表 9-1 中偷逃税款的含义来看，偷税属于违法行为，而逃税属于非

法行为。违法行为也称"无效行为"，是不合法行为的一种，是违反法律、法规的条文、规定的行为，这就说明偷税是一种不合法行为。而非法行为也是不合法行为的一种，但它更多是代表不符合规程的行为。由此可见，偷税比逃税违反法律的程度更高，但两者都是不合法行为。

所以，虽然税务筹划也以达到不缴或少缴税款为目的，但它与偷逃税款从本质上来讲就不一样，税务筹划是在税法规定的范围内对涉税事项进行的筹划和安排，是合法的。

知识贴士 什么是漏税、抗税

除了偷逃税款外，在纳税行为中还有其他一些违法、违章行为，如漏税、抗税等。漏税指纳税人因无意识而发生的漏缴或少缴税款的违章行为。如由于不了解、不熟悉税法规定和财务制度，或因工作粗心大意，错用税率，漏报应税项目，少计应税数量、销售金额和经营利润等。该行为虽然是纳税人无意的，但已构成违章，所以需要按照我国《中华人民共和国税收征收管理法》的相关规定如期补缴所漏税款；逾期未缴纳的，应从漏税之日起按日加收滞纳金。

抗税指纳税人、扣缴义务人以暴力、威胁方法拒不缴纳税款的行为。对抗税行为，除由税务机关追缴其拒缴的税款、滞纳金外，依法追究刑事责任；情节轻微、未构成犯罪的，由税务机关追缴其拒缴的税款、滞纳金，并处拒缴税款一倍以上五倍以下罚款。

9.1.2 税务筹划的方法有哪些类型

税务筹划的方法有很多，如优惠政策、纳税期递延和会计处理筹划法等，这三类筹划方法中，又可以细分多种方法，具体见表9-2。

表9-2 税务筹划的方法

筹划方法	具体税务筹划方法	说　明
优惠政策	直接利用筹划法	即直接利用税收优惠政策减少应纳税款

续表

筹划方法	具体税务筹划方法	说　　明
优惠政策	地点流动筹划法	跨国纳税人可巧妙地利用各国税收政策的不同，即税率差异、税基差异、征税对象差异、纳税人差异、税收征管差异和税收优惠差异等，进行国际间的税务筹划；国内企业则可根据需要选择在税收优惠地注册，或将现时不太景气的生产转移到优惠地区
	创造条件筹划法	在合法基础上创造条件使自己符合税收优惠规定或通过挂靠在某些能享受优惠待遇的企业、产业及行业，使自己符合优惠条件，从而享受优惠待遇
纳税期递延	递延项目最多化	在合理、合法的情况下，尽量争取更多项目延期纳税。在一定时期内纳税总额等条件相同的情况下，延期纳税的项目越多，本期纳税的税款就越少，现金流量也就越大，企业可用于扩大流动资本和进行投资的资金也会越多，也就相应地节减更多税收
	递延期最长化	在合理、合法的情况下，尽量争取纳税递延期的最长化。在一定时期内纳税总额等条件相同的情况下，纳税递延期越长，由延期纳税增加的现金流量所产生的收益也会越多，因而相对节减的税收越多
会计处理筹划法	存货计价方法选择	存货计价方法有先进先出法、加权平均法、移动平均法和个别计价法等，不同的计价方法对货物的期末库存成本和销售成本的影响不同，从而影响企业当期应纳税所得额的大小，尤其在物价持续上涨或下跌的情况下，影响程度更大。比如，纳税人在物价持续下跌的情况下采用先进先出法，会使存货的销售成本在前期偏大，应纳税所得额就会偏小，从而使应纳税额偏小，与纳税期递延类似
	固定资产折旧的税务筹划	①固定资产计价的税务筹划：即通过改变固定资产入账价值来进行筹划 ②固定资产折旧年限的税务筹划：即通过缩短固定资产折旧年限来达到筹划目的

续表

筹划方法	具体税务筹划方法	说　明
会计处理 筹划法	固定资产折旧的税 务筹划	③固定资产折旧方法的税务筹划：即通过选择合适的固定资产折旧方法来进行税务筹划 ④固定资产计价和折旧的税务筹划方法综合运用：即结合固定资产的计价方法和折旧方法等筹划

表9-2中，关于固定资产折旧的税务筹划的四种细分方法，其具体操作方法和相关说明如下：

固定资产计价的税务筹划。因为固定资产的折旧费用是在未来较长时间内陆续计提的，所以为了降低当期税务，新增固定资产的入账价值要尽可能低，比如成套固定资产，可将易损件、小配件等单独开票作为低值易耗品入账，从而降低当期应纳税所得额，相应减少应纳税额。

固定资产折旧年限的税务筹划。固定资产折旧年限的长短通常由固定资产能够使用的年限决定，而固定资产使用年限又是一个估计的经验值，包含了人的主观成分，为税务筹划提供了可能性。一般采用缩短折旧年限的方法，加速固定资产的成本回收，使后期成本费用前移，从而使前期会计利润后移，在税率不变的情况下，可使企业所得税递延缴纳。

固定资产折旧方法的税务筹划。不同的折旧方法对应纳税所得额的影响不同，因为同一固定资产采用不同的折旧方法会使企业所得税税款提前或滞后实现，从而产生不同的货币时间价值。通常，假如企业所得税税率预期不会上升时，采用加速折旧方法，一方面可以在计提折旧期间少缴企业所得税，另一方面可尽快收回资金，加速资金周转。但是，《中华人民共和国税收征收管理法》明确规定了纳税人能够采用加速折旧法的情形，所以该筹划方法并不适合所有纳税人和纳税情况。

固定资产计价和折旧的税务筹划方法综合运用。对盈利企业来说，当期费用能从当年的所得税前扣除，费用的增加可有效减少当年企业所得税，所以购置固定资产时购买费用中能够分解计入当期费用的项目，应尽可能计入当期费用而不宜扩大固定资产原值；同时，折旧年限尽可能缩短，或者采用加速折旧法，使折旧费用能在尽可能短的时间内得到税前扣除。对亏损企业来说，由于其费用的扩大不能在当期企业所得税前扣除，即使延续扣除也有 5 年时间的限制，因此企业在亏损期间购置固定资产的，应尽可能多地将相关费用计入固定资产原值，使这些费用通过折旧的方式在以后年度实现；并且，折旧年限可适当延长，便于将折旧费用在更长的周期中摊销。

9.1.3　税务筹划的一般步骤是怎么样的

税务筹划的一般步骤包括五步：熟练掌握有关法律规定、了解纳税人的情况和要求、签订委托合同、制订税务筹划计划并实施和控制税务筹划计划的运行。

（1）熟练掌握有关法律规定

纳税人进行税务筹划之前，要熟练掌握有关法律、法规，理解法律精神，掌握政策尺度，熟悉有关国家的法律环境，了解税务机关对"合法和合理"纳税的法律解释和执法实践。比如，从宪法和现行法律了解"合法和合理"的尺度，从行政和司法机关对"合法和合理"的法律解释把握尺度，从税务机关组织和管理税收活动以及裁决税法纠纷中把握尺度。

（2）了解纳税人的情况和要求

了解纳税人的情况和要求是税务筹划真正开始的第一步，而具体需要了解的情况有企业组织形式、财务情况、投资意向、对风险的态度和纳税历史情况等；对个人纳税人需要了解的有其出生年月、婚姻状况、子女及其他赡养人员、财务情况、投资意向、对风险的态度和纳税历史情况等。

除此以外，还要了解纳税人的一些要求，如是要求增加短期所得还是长期资本增值。

（3）签订委托合同

如果纳税人可自行进行税务筹划，则没有该步骤。如果纳税人要委托其他具有税务筹划资格的单位或机构帮忙进行纳税筹划，则受托方在收到委托单位申请后要进行前期洽谈，然后明确税务筹划的目标，同时进行现场调查、搜集资料，再综合考虑自身业务能力，决定是否接受委托，如果接受，则需要签订委托合同。

该合同没有固定格式，但一般包括这些信息：委托人和代理人的一般信息、总则、委托事项、业务内容、酬金及计算方法、税务筹划成果的形式和归属、保护委托人权益的规定、保护筹划人权益的规定、签名盖章，以及合同签订日期和地点。

（4）制订税务筹划计划并实施

税务筹划的计划包括税务筹划的具体步骤、方法、注意事项，税务筹划所依据的税收法律、法规，在税务筹划过程中可能面临的风险等。制订税务筹划计划的过程大致是：分析纳税人业务背景，选择筹划方法→进行法律可行性分析→计算应纳税额→各因素变动分析→敏感分析。然后根据税务筹划计划开始实施税务筹划工作。

（5）控制税务筹划计划的运行

税务筹划的时间可能较长，在税务筹划计划实施以后，筹划人需要经常或定期地通过一定的信息反馈渠道来了解纳税方案的执行情况，应对偏离计划的情况予以纠正，同时根据新的情况修订税务筹划计划，以最大限度地实现筹划的预期收益。

9.1.4 税务筹划存在哪些风险

税务筹划风险也称税收筹划风险，指纳税人在进行税务筹划时，因各种不确定因素的存在而使筹划收益偏离纳税人预期结果的可能性和筹划结果的不确定性。税务筹划风险主要分三类：政策风险、经营风险和执法风险。

（1）政策风险

税务筹划的政策风险主要由税务筹划对政策的依赖性引起，包括政策选择风险、政策调整风险和政策模糊风险，具体见表9-3。

表 9-3 税务筹划的风险

风　　险	说　　明
政策选择风险	税务筹划的政策选择风险主要是由于筹划人对政策精神认识不足、理解不透、把握不准，从而选择了不恰当的优惠政策，使被筹划企业或个人丧失享受税收优惠的机会，从而损失本可以得到的税收利益
政策调整风险	国家税收政策会为了适应不同发展时期的需要而不断调整，所以很多税收政策总是具有不定期或相对较短的时效性，这会增加税务筹划的难度，使企业税务筹划的目标无法实现
政策模糊风险	我国现有的税收法律、法规层次较多，除了全国人大及其常委会制定的税收法律和国务院制定的税收法规外，还有大量由有关税收管理职能部门制定的税收行政规章。在这么复杂的税收法律、法规的环境下，企业就有可能因为对这些行政规章体现的税法精神理解错误而导致税收筹划失败。比如把税务筹划误解为单纯地少纳税，甚至采取违规手法开展"筹划"，会计核算和财务管理混乱、会计信息严重失真、纳税信誉较差以及违反税法偷税、抗税、骗税等

（2）经营风险

税务筹划的经营风险主要体现在税务筹划的相关成本上。由于税务筹划属于企业财务管理的范畴，因此需要遵循成本效益原则。筹划成本是指因选择筹划方案而付出的额外费用或放弃其他方案的机会成本，如会计事务所的咨询费用、因放弃其他方案的可能收益等。只有当新发生的费用或损失小于取得的收益时，选择的筹划方案才是合理的，否则筹划方案就是失败的，这就是税务筹划的经营风险，也可叫作成本风险。

所以企业在进行税务筹划时，先要进行成本效益分析，合理预测筹划成本和筹划收益，然后在实施过程中根据情况变化做及时补充修订。

（3）执法风险

税务筹划就是找到影响企业应纳税额因素并利用这些因素对税收进行有效控制。我国现有的税收法律、法规涉及的税收可控制因素有限，大量的筹划依据以暂行条例、部门规章和红头文件等形式出现，缺乏统一性和严肃性。而有些行政规章、文件往往不够明晰，纳税人和税收征管机关依据这些行政规章和规范性文件等开展税务筹划和征税管理时，就有可能因为对税法精神理解不同而导致税收筹划失败。

除了这些风险以外，税务筹划过程中还可能存在其他风险，如筹划方案不严谨导致的风险、筹划项目选择不当导致的风险等。

9.2 了解不同时期的税务筹划

由于公司在不同的发展时期有着不同的经营规模和经营需求，因此对税务筹划的要求也会不同，本节主要从公司经营的不同时期入手，介绍相应的税务筹划方法。

9.2.1 公司组建期间也可以进行税务筹划

公司组建期间，是指从被批准筹建之日起至开始生产、经营之日的期间，而成立之日为营业执照签发当日。公司在组建期间发生的费用允许作为开办费在税前扣除。

这里的开办费是指企业在组建期间发生的费用，如人员工资、办公费、培训费、差旅费、印刷费、注册登记费以及不计入固定资产和无形资产入账价值的汇兑损益和利息等支出，但是在该期间发生的业务招待费、广告费和业务宣传费，应根据相关税法的规定，予以分析、审核确认，看税务处理具体该怎么做。

根据税法的相关规定可知，企业在组建期间发生的开办费用可在开始经营的当年进行一次性税前扣除，也可以作为长期待摊费用的支出费用，从支出发生日的次月开始，进行分期摊销，摊销年限不少于三年。

如果公司对开办费用进行一次性扣除，则前期产生的亏损就很可能无法在以后的五个纳税年度内获得弥补，因此，可选择将开办费进行分期摊销，使得开办费在企业所得税前进行扣除的时间往后延迟，这对亏损抵扣期限的调节很有帮助。

由于公司组建期间不会特别长，因此很可能在开办费进行分期摊销的过程中开始投产。因为企业投产后会开始获得收益，此时就应该考虑将剩余未摊销的开办费采用一次性扣除办法在税前扣除，这样也可以实现递延纳税。

为了防止公司在筹建期间税务筹划不合理、不合法，公司财会人员首先需要牢记哪些费用支出不能计入开办费，常见的有如下一些：

◆ 取得各项资产发生的费用，包括购建固定资产和无形资产时支付的运输费、安装费、保险费及相关人工费用。

◆ 规定应由投资方负担的费用，如投资各方为筹建企业而进行调查、洽谈的差旅费、咨询费和招待费等支出。另外还有规定，中外合资进行谈判时，外商洽谈业务发生的招待费不能列作企业开办费，应由提出邀请的企业负担费用开支。

◆ 为了培训职工所购建的固定资产和无形资产等支出。

◆ 投资方因投入资本自行筹措款项而支付的利息。

◆ 以外币现金存入银行而支付的手续费等。

由此可见，公司组建期间可以利用开办费进行必要的税务筹划，但要想保证此期间的税务筹划工作合理、合规、合法，就必须正确核定开办费的归集范围，即弄清楚哪些费用开支可计入开办费进行税前扣除的筹划，哪些费用开支不可计入开办费进行税前扣除。

9.2.2 公司经营期间是税务筹划的重要时期

公司经营期间，是指开展生产经营活动的期间，即从公司筹建期届满并投产开始，到公司办理注销登记终止经营的这样一段过程。

公司的经营期间通常是比较长的，在该期间开展生产经营活动会发生各种各样的情况，也需要处理各种各样的账务。由于不管是从时间上来看，还是从空间上来看，经营期间都具有很大的空间，这就给企业的税务筹划工作提供了可能性。

按照相关税法的规定，企业在经营期间发生的一些费用，在计算税基时虽然不能据实扣除，但也规定有扣除标准，企业只要充分利用这些扣除标准，也能达到税务筹划目的，减轻企业税负。

由于公司经营期间发生的工资、薪金支出，基本社会保险费和住房公积金支出，向金融企业借款的利息支出，环境保护专项资金，财产保险和责任保险费支出，经营租赁方式租入固定资产发生的租赁费支出，以及劳动保护费支出等，可据实扣除，因此这里不再对这些费用的税前抵扣做介绍，只了解一些需要按标准扣除的费用支出，具体见表9-4。

表 9-4　可以按标准扣除的公司经营期间费用支出

费用项目	税前扣除标准
职工福利费	企业发生的职工福利费支出，不超过工资薪金总额14%的部分，准予扣除
工会经费	企业拨缴的工会经费，不超过工资薪金总额2%的部分，准予扣除
职工教育经费	企业发生的职工教育经费支出，不超过工资薪金总额8%的部分，准予扣除；超过部分，准予在以后纳税年度结转扣除
补充养老保险和补充医疗保险费	企业为全体员工支付的补充养老保险费、补充医疗保险费，分别在不超过职工工资总额5%标准内的部分，准予扣除；超过部分，不予扣除。注意，企业为投资者或职工支付的商业保险费，不予在税前扣除
借款费用	一般来说，企业生产经营活动中发生的合理的不需要资本化的借款费用准予扣除，而作为资本性支出计入有关资产的成本的借款费用，应按照《中华人民共和国企业所得税法实施条例》的有关规定扣除
利息费用	非金融企业向非金融企业借款的利息支出，不超过按照金融企业同期同类贷款利率计算的数额的部分，可以据实扣除，超过部分不予扣除
汇兑损失	企业在货币交易中，以及在纳税年度终了时将人民币以外的货币性资产、负债按照期末即期人民币汇率中间价折算为人民币时产生的汇兑损失，除了已经计入有关资产成本和向所有者进行利润分配相关的部分外，准予扣除
公益性捐赠	企业通过公益性社会组织或县级（含县级）以上人民政府及其组成部门和直属机构，用于慈善活动、公益事业的捐赠支出，在年度利润总额12%以内的部分，准予扣除；超过年度利润总额12%的部分，准予结转以后3年内扣除
业务招待费	企业发生的与生产经营活动有关的业务招待费支出，按照发生额的60%扣除，但最高不得超过当年销售（营业）收入的5‰。如果是在企业筹建期间发生的业务招待费支出，可按实际发生额的60%计入开办费，并按规定在税前扣除

续表

费用项目	税前扣除标准
广告费和业务宣传费	企业发生的符合条件的广告费和业务宣传费支出，除国务院财政、税务主管部门另有规定外，不超过当年销售（营业）收入15%的部分，准予扣除；超过部分，准予在以后纳税年度结转扣除。如果是在企业筹建期间发生的广告费和业务宣传费支出，可按实际发生额计入开办费，按规定在税前扣除。注意，烟草企业的烟草广告费和业务宣传费支出，一律不得在计算应纳税所得额时扣除
融资租赁方式租入固定资产的租赁费	以融资租赁方式租入固定资产发生的租赁费支出，在实际支付租金时不能扣除，需要在按照规定构成融资租入固定资产价值的部分时以计提折旧费的方式分期扣除
手续费和佣金支出	财产保险企业按照全部保费收入扣除退保金等后余额的15%计算税前扣除限额；人身保险企业按照当年全部报废收入扣除退保金等后余额的10%计算税前扣除限额；其他企业按照与具有合法经营资格的中介服务机构或个人签订服务协议或合同确认收入金额的5%计算税前扣除限额

上表中提及的"准予扣除"是指相应的费用准予在计算应纳税所得额时扣除，即税前扣除。

下面以职工福利费为例，简单说明如何利用这些按标准扣除的费用使它们在税务筹划工作中发挥作用。

实务案例 职工福利费在税务筹划中的应用

甲公司预计2021年全年发生工资薪金总额328.00万元，为了更充分地利用职工福利费的扣除标准，同时减轻企业税负，可以进行如下分析，企业所得税税率为25%。

①甲公司预计全年发生工资薪金总额328.00万元，则它的14%就是职工福利费支出的扣除上限，即45.92万元（328.00×14%）。

②假设甲公司的全年职工福利费支出为45.92万元，全年利润总额为

765.24 万元。由于此时全年职工福利费支出刚好等于税法规定的扣除上限，因此在税前可据实扣除。

应交企业所得税 =7 652 400.00×25%=1 913 100.00（元）

净利润 =7 652 400.00−1 913 100.00=5 739 300.00（元）

③如果甲公司全年职工福利费支出为 45.00 万元，低于上限 45.92 万元，无论是在会计处理上，还是从税法规定上，这 45.00 万元都能全额扣除，也就是说，在计算会计利润时，可全额扣除 45.00 万元的职工福利费，在计算企业所得税应纳税所得额时也能扣除 45.00 万元的职工福利费支出。在收入和其他成本费用支出情况不变的情况下，当全年职工福利费支出为 45.00 万元，比起 45.92 万元，少了 0.92 万元，则利润总额多 0.92 万元。

应交企业所得税 =（7 652 400.00+9 200.00）×25%=1 915 400.00（元）

净利润 =7 652 400.00+9 200.00−1 915 400.00=5 746 200.00（元）

④如果甲公司全年职工福利费支出为 46.00 万元，高于上限 45.92 万元，所以虽然在会计处理上这 46.00 万元职工福利费能全额扣除，以计算会计利润，但根据税法规定，只能有 45.92 万元的职工福利费可以在计算企业所得税应纳税所得额时扣除。当全年职工福利费为 46.00 万元时，计算出的会计利润总额应比全年职工福利费为 45.92 万元时少 0.08 万元，即为 765.16 万元（765.24−0.08）。而应纳税所得额应将超过上限的职工福利费 0.08 万元（46.00−45.92）加回，即不在税前扣除，也就是 765.24 万元（765.16+0.08），实际上与全年职工福利费刚好为 45.92 万元时的应纳税所得相同，但因为利润总额不同，所以

应交企业所得税 =7 652 400.00×25%=1 913 100.00（元）

净利润 =7 651 600.00−1 913 100.00=5 738 500.00（元）

比较案例②、③和④中的应交企业所得税和净利润计算结果可知，在收入水平一致的情况下，全年职工福利费越少，利润总额就越多，需要缴纳的企业所得税也会越多；但当职工福利费多到一个临界点后，需要缴纳的企业所得税就不会再随之减少，会一直保持职工福利费处于临界点时应缴纳的企业所得税税额，但净利润却会随着职工福利费的增多而减少。

因此，企业可以充分利用职工福利费的扣除标准，在合法、合理的情况下使职工福利费达到扣除标准的上限，这样既可少缴纳企业所得税，也能使净利润不至于太低。

其他费用支出在税务筹划中的运用可参考职工福利费。

9.2.3 投融资活动也可以进行税务筹划

为了持续经营和扩大生产，企业需要适当地进行投融资活动。投资活动指企业长期资产的购建和不包括在现金等价物范围内的投资及其处置活动，其中长期资产包括固定资产、在建工程、无形资产、其他资产和持有期限在一年或一个营业周期以上的资产。融资活动也称筹资活动，指一个企业资金筹集的行为和过程。

投融资活动虽然不是企业的日常经营活动，但也可以通过税务筹划为企业减轻税负。

（1）融资活动中的税务筹划

对企业来说，之所以有融资活动，主要是为了满足企业的生产经营使用和投资需求。不同的资金来源渠道使得企业拥有不同的资金结构，不同的资金结构产生的资本成本和财务风险也是不同的。因此，筹资活动中的税务筹划就是合理安排这些资金的比例，使企业形成最优资金结构。

企业筹资方式主要分为债务筹资和股权筹资，债务筹资主要包括银行借款、发行公司债券和融资租赁，股权筹资主要包括吸收直接投资、发行普通股股票和留存收益，除此以外，还有发行可转换债券、认股权证和优先股等。

虽然通过吸收直接投资、发行股票、留存收益等股权筹资方式可以筹集自有资金，能稳定企业资本及创造良好信誉，财务风险也较小，但企业同时会为此支付股息、红利，而这些要用税后利润支付，不能在税前扣除，也就无法起到抵减应纳税所得额的作用，资本成本较高。

而如果通过向银行等金融机构借款，或者是发行债券，又或者是进行融资租赁等方式筹集资金，企业为此支付的利息均可在税前计入相应的费用，抵减应纳税所得额，能够起到减少应交企业所得税的作用。并且，债务筹资还可以为企业带来财务杠杆效应，当息税前投资收益率高于负债利息率时，增加负债就能使企业获得税收利益；当息税前投资收益率低于负债利息率时，就需要适当减少负债、增加股权资本。

由此可见，通过合理调节债务资本与股权资本的比例，可实现财务杠杆作用的正效应，帮助企业获得利益。

另外，企业可以从固定资产租赁方式的角度找到税务筹划的切入点。由于不同的租赁方式会给企业带来不同的税负，因此存在税务筹划空间。

通过融资租赁租入固定资产，可迅速获取所需资产，且支付的手续费和相关利息等都可在税前扣除，企业可以以此减少应纳税所得额；并且融资租赁的固定资产在使用过程中发生的改良支出可作为递延资产在以后纳税年度内摊销，即使融资租赁发生的租赁费不能直接在税前扣除，但是以这种方式租入的固定资产可按规定计提折旧，并在税前扣除，也可以减少企业所得税的缴纳。用这种租赁方式进行税务筹划主要应用于非关联企业间的租赁。

而纳税人以经营租赁方式从出租方取得固定资产的，符合独立纳税交易原则的租金可根据受益时间均匀扣除。用这种租赁方式进行税务筹划主要应用于关联企业之间，这样利润就可从盈利方转入亏损方，从而节约两个企业的纳税支出总和，尤其是在关联双方适用税率有明显差别的情况下，经营租赁固定资产能达到很好的效果。

（2）投资活动中的税务筹划

投资活动中，企业可从投资组织形式、投资地点、投资行业等入手找到税务筹划的空间。

◆ 选择恰当的投资组织形式进行税务筹划。

如果公司对外投资成立分公司，则分公司没有独立法人资格和独立资产，其经营活动的所有后果由总公司承担。因此，当分公司有经营亏损时，就可以冲抵总公司的利润，从而减少应纳税所得额，减轻税负。这种方法的劣势在于，当分公司盈利时，也会相应增加总公司利润，不仅不能减轻税负，还可能增加税负，且分公司无法享受其所在地的有些税收优惠政策。

如果公司对外投资成立子公司，子公司自己有独立法人资格和独立财产，经营后果由其自己承担，虽然其亏损不能冲抵母公司的亏损，也就不能减少母公司的应纳税所得额，从而减轻税负，但是子公司作为独立法人，具备享受其所在地某些税收优惠政策的资格，也能减轻税负。

因此，选择恰当的投资组织形式可以起到税务筹划的作用。企业初创期亏损的风险较大，这时选择投资设立分公司，可利用分公司的亏损来抵减总公司的应纳税所得额，减轻税负；当投资设立的公司开始盈利后，为了充分保证其可以享受所在地的税收优惠政策，可以在合理、合法的情况下将其改设为子公司。

◆ 选择合适的投资地点进行税务筹划。

不同国家和同一国家的不同地区，由于其经济发展水平不同，也为了减小贫富差距，国家会对不同地区实行不同的税收政策，其中包括不同的税率标准。企业可利用地区税率差异，选择适用低税率的地点进行投资，比如保税区。另外，民族自治地方的企业可以享受减征或免征企业所得税。

◆ 选择特定的行业进行税务筹划。

在我国,国家对一些行业的企业实行了低税率税收优惠政策,如小型微利企业,适用企业所得税税率 20%;高新技术企业和技术先进型服务企业适用企业所得税税率 15% 等。

需要注意的是,如果公司的投资活动涉及长期股权投资,或者是交易性金融资产、其他权益工具等,这些投资活动对于企业进行税务筹划来说可能性不大,空间也很小,因这些投资行为获取的收益都会计入收入总额中计缴企业所得税,比较有可能的是在持有过程中进行税务筹划。

9.2.4 资产重组时的税务筹划

资产重组指企业资产的拥有者、控制者与企业外部的经济主体进行的,对企业资产的分布状态进行重新组合、调整和配置的过程,或是对设在企业资产上的权利进行重新配置的过程。

资产重组过程涉及资产转让,而转让资产的净值准予在计算应纳税所得额时扣除。所以企业在重组过程中,应在交易发生时确认有关资产的转让所得或损失,相关资产应按照交易价格重新确定计税基础。换句话说,企业资产重组通常属于一般情况下的应税重组,只有符合一定条件的重组才可以享受免税待遇。

那么,资产重组时具体有哪些税务筹划技巧呢?

(1)股权转让前分配盈余公积和未分配利润

根据我国《企业所得税法》的规定,企业资产的转让收益与持有收益的征税是不同的,转让收益需并入应纳税所得额,按 25% 的税率计缴企业所得税;而持有收益只要是符合条件的居民企业股权产生的,如股息、红利所得,在持有期间超过 12 个月的情况下,就可以享受免税待遇。

鉴于此，在资产重组过程中，企业可通过在股权转让前将所有盈余公积和未分配利润全部向投资者或股东分配完全，这样就可以按净资产的价格转让所持有的股权，也就可将一部分股权转让收益转化为股权持有收益，从而享受免税待遇。

（2）将资产转让转化为股权转让

企业进行实物资产转让时，不论是什么资产，都会产生很多税收成本，如土地转让需缴纳增值税、城市维护建设税、教育费附加、土地增值税、企业所得税、契税和印花税等；转让机器设备、原材料和产品等会产生增值税、城市维护建设税、教育费附加和企业所得税等。而股权转让只需要在有增值的情况下缴纳企业所得税。

所以，企业在合理、合法的情况下，将资产转让转化为股权转让，可避免实物资产转让带来的各种税收负担。

（3）对股权转让进行"中转"

通常，法人股东股权转让的所得适用企业所得税税率25%，而自然人股东股权转让的所得属于财产转让所得，适用企业所得税税率20%，且符合某些特定情形的还可能不征税。

因此，在合法条件下，企业可通过法人股东先将股权转让给自然人股东，再由自然人股东将股权出售给非关联的其他外部主体，这样就可将股权转让所得的适用税率从25%降到20%。

除了前述税务筹划技巧外，可能还存在其他税务筹划方法，企业需要自行探索。

9.3 如何进行税务筹划的风险管理

在本章 9.1.4 节内容中提到过企业进行税务筹划是存在一定风险的，为了能使税务筹划工作发挥更大的作用，新公司有必要对税务筹划进行风险管理。

9.3.1 进行税务筹划风险管理的准备工作

税务筹划风险管理指由企业管理层和税务筹划相关人员组织实施的，通过识别、评估税务筹划风险并用科学方法制定、执行和改进税务筹划风险的应对策略，来将税务筹划风险降低至可接受范围内，从而实现企业税务筹划目标的一个持续不断的过程。

企业在进行税务筹划风险管理前，需要有一个准备阶段，做一些充分的准备工作，如确定税务筹划风险管理目标、成立税务筹划风险管理小组、收集税务筹划风险管理信息和制订税务筹划风险管理计划。

（1）确定税务筹划风险管理目标

企业税务筹划风险管理以实现企业税务筹划为目的，而企业税务筹划又是为了实现企业财务目标，所以，税务筹划风险管理的总目标应服务于企业的整体财务目标。

分解下去，企业税务筹划风险管理的具体目标有税务筹划风险管理损前目标和损后目标。税务筹划风险管理损前目标是指税务筹划导致损失发生前的风险管理目标，比如避免或减少税务筹划风险事故的发生，以此降低税务筹划风险，通常应将税务筹划风险管理损前目标作为税务筹划风险管理的主要目标。

相关措施有：建立健全税务筹划风险管理机制、培养税务筹划人员的税务筹划风险意识、准确核算纳税金额、正确参考适用于本公司的税收法律法规，以及选择经验丰富的税务筹划人员实施税务筹划工作。

而税务筹划风险管理损后目标是指税务筹划导致损失发生后的风险管理目标，主要是减小税务筹划导致的损失大小和程度，具体措施有：企业因税务筹划遭受损失后要尽量补救；承担应尽的经济责任和社会责任，尽量维护自身纳税形象，营造良好的持续生产经营环境；进一步处理好与税务机关的关系。

（2）成立税务筹划风险管理小组

企业在确定了税务筹划风险管理目标后，应根据项目需要，组成税务筹划风险管理小组，选定组长和小组成员，必要时可对外聘请专业的税务筹划风险管理人员参加企业税务筹划风险管理小组的工作；同时，要确定税务筹划风险管理小组中各成员的权利、责任和任务，并与绩效考核相结合，提高税务筹划风险管理小组的工作效率和效益。

（3）收集税务筹划风险管理信息

税务筹划风险管理信息主要有外部信息、内部信息和内外部信息的反馈信息这三类。

外部信息需要收集税收环境信息和政府涉税行为信息。税收环境信息具体包括企业生产经营涉及的税种和各税种的具体规定，尤其是税收优惠政策，还有各税种之间的相关性、税收征纳程序、税务行政制度、税收环境的变化趋势和内容等。而政府涉税行为信息主要是政府对税务筹划的态度、政府的主要反避税法规措施、政府反避税的运作规程等。

内部信息需要收集实施主体信息、企业涉税问题调查与评估信息。任何税务筹划方案都必须基于企业自身实际经营情况，所以必须充分了解企业自身的相关信息，包括企业财务管理目标，企业税务筹划目标，企业经营状况、财务状况，管理人员对税务筹划风险的态度、税务筹划人员的素质水平等；同时，为了更好地实施税务筹划风险管理，税务筹划人员在收集内部信息时还需对企业进行涉税问题调查和纳税评估，分析、整理、调查和评估涉税资料，如税务筹划内部控制制度、纳税会计处理、近3个年度纳税情况、主要涉税问题、税收处罚记录和税企关系情况等。

对于内外部信息的反馈信息的收集，应保持一个动态过程，即在实施税务筹划风险管理的过程中，不断获取新的信息，同时将实施结果及时反馈给相关部门，做到对税务筹划风险管理的实施进行调整和完善。

（4）制订税务筹划风险管理计划

制订税务筹划风险管理计划是对税务筹划风险管理实施的全过程的综合安排，所以计划内容应是全局性的，要对税务筹划风险管理的目的、范围、重点、流程等基本内容进行规划。

这样，税务筹划风险管理小组后期就可依据税务筹划风险管理计划实施税务筹划风险管理工作了。

9.3.2　税务筹划的风险管理内容

税务筹划的风险管理内容主要就是针对税务筹划可能存在的风险进行管理的具体内容，如怎么降低税务筹划风险、如何规避某些税务筹划风险、哪些税务筹划风险需要重点管理、税务筹划的风险管理流程等。

（1）怎么降低税务筹划风险

明确可以降低税务筹划风险的措施，并根据不同的税务筹划风险制定不同的税务筹划风险管理方案，以此有针对性地降低税务筹划风险。

（2）如何规避某些税务筹划风险

通过收集税务筹划风险管理信息，判断哪些税务筹划风险是可以规避的，具体可以采取哪些措施来达到规避筹划风险的目的，采取措施规避某项或某些税务筹划风险后会不会引发新的税务筹划风险等，产生新的税务筹划风险时又该怎么进行风险管理等。

（3）确定哪些税务筹划风险需要重点管理

要想提高税务筹划风险管理的效率，就需要抓住筹划风险管理的重点，分清主次，有目的地进行筹划风险管理。比如，如果税务筹划工作中存在较大的是经营风险，则重点对税务筹划中的经营风险进行管理；同理，如果存在较大的是政策风险，就要重点对税务筹划中的政策风险进行管理，比如组织税务筹划人员及时学习国家财政和税务主管部门的新政策、新规定，并做到熟练于心，以降低政策变更给企业税务筹划带来的政策风险。

（4）税务筹划的风险管理流程

税务筹划的风险管理流程就是要明确税务筹划风险管理的具体操作步骤，先做什么，再做什么，最后做什么。比如先进行税务筹划风险管理的准备工作，其次确定税务筹划风险管理的内容，然后制订税务筹划风险管理计划，接着按照计划实施税务筹划风险管理，最后对税务筹划风险管理的实施结果进行统计、分析和评估，得出税务筹划风险管理的实施效果，以便后期对税务筹划风险管理进行适当的调整和完善。

9.3.3 如何监控税务筹划的风险管理

税务筹划风险管理的监控工作贯穿于整个税务筹划的风险管理过程中，税务筹划风险管理小组通过监控，可以及时发现税务筹划风险管理过程中的薄弱环节，并以此为据，不断改进和完善税务筹划风险管理工作。实务中，企业要对税务筹划风险管理的整体情况进行连续、全面且系统的监督、检查与评价；同时还要针对税务筹划风险管理中的某一个方面或某些方面的情况进行不定期的、专门的、有针对性的监督检查。

（1）企业各部门自查

企业各部门定期对本部门的税务筹划风险管理工作进行自查，并及时将自查报告报送税务筹划风险管理小组。

（2）税务筹划风险管理小组实施监督评价

税务筹划风险管理小组可定期或不定期地对各部门税务筹划风险管理工作的实施情况和有效性进行监督检查，并对具体的税务筹划风险管理工作的效益进行评估，提出调整或改进建议，出具监督评价报告，及时报送企业高层管理者或税务筹划风险管理小组的负责人。

（3）借助审计机构进行监督评价

借助审计机构对企业的税务筹划风险管理进行监督评价时，审计机构会采用一种系统化、规范化的方法来进行以测试风险管理信息系统、各业务循环和相关部门的税务筹划风险识别、评估和应对等为基础的一系列审核活动，这样可以提高企业税务筹划风险管理过程的效率，能更好地实现企业的财务管理目标。

（4）聘请外部专业人士对风险管理工作作出评价

企业可聘请有资质、信誉好、风险管理专业能力强的中介机构、专家或顾问，对企业税务筹划风险管理工作的实施过程和结果进行评价，并让他们出具税务筹划风险管理评估和建议专项报告，以便企业以此作为依据，对后期的税务筹划风险管理工作作出适当的调整和改进，以期税务筹划风险管理工作真正发挥控制税务筹划风险的作用。

✎ 实务答疑

问：业务较少的企业需不需要进行税务筹划？

答：业务较少的企业，并不代表就可以缴纳非常少的税费或税务较轻，因为税负的高低取决于适用的税率、征税范围、经营收入等因素。业务较少的企业其经营收入不一定少，也不一定适用低税率，因此税负也可能会很高。如果不进行适当的税务筹划，企业很可能因为高税负而发展缓慢。所以业务较少的企业也需要根据实际情况进行合法、合理且适当的税务筹划，减轻企业税负。

问：税务筹划有哪些陷阱需要避免？

答：①认识陷阱，以为税务筹划一定合法。因为国家没有通过法律对税务筹划进行保护，反而还在不同程度上开展了反筹划活动。如果企业一味地强调税务筹划的合法性，而不服从税务机关的管理，最终会在行动上引发与税务机关的冲突，将税务筹划升级为抗税行为；另外，认为税务筹划就是进行巧妙偷税、逃税或骗税，通过搞关系、走路子、走门道来少缴税、少罚款，这会直接导致违法、违规行为。②操作陷阱，如轻信理论说法，单纯地为了少缴税款而进行税务筹划，必然会掉入操作陷阱。如忽视筹划成本，进行税务筹划也是会产生相应成本的，如果忽视筹划成本，很可能导致筹划成本高于因进行税务筹划而获取的利益，得不偿失。③时间陷阱，一般来说企业的税务筹划方案只在某一特定时期或特定的法律环境下才能起到作用，或者说才是合法的，一旦过了这样的特定时期或特定法律环境发生改变，相应的税务筹划方案很可能就不适用了，甚至会被认为是违法、违章行为，所以进行税务筹划时还要特别留意时效性。